陳福成著

# 陳福成著作全編

第七十冊　找尋理想國：中國式民主政治研究要綱

文史哲出版社印行

國家圖書館出版品預行編目資料

**陳福成著作全編** / 陳福成著. -- 初版. --臺北
市：文史哲,民 104.08
頁： 公分
ISBN 978-986-314-266-9（全套：平裝）

848.6 104013035

# 陳福成著作全編

**第七十冊 找尋理想國：中國式民主政治研究要綱**

著　者：陳　福　成
出 版 者：文　史　哲　出　版　社
http://www.lapen.com.tw
登記證字號：行政院新聞局版臺業字五三三七號
發 行 人：彭　正　雄
發 行 所：文　史　哲　出　版　社
印 刷 者：文　史　哲　出　版　社
臺北市羅斯福路一段七十二巷四號
郵政劃撥帳號：一六一八〇一七五
電話886-2-23511028・傳真886-2-23965656

**全 80 冊定價新臺幣 36,800 元**

二〇一五年（民一〇四）八月初版


ISBN 978-986-314-266-9 08981

# 陳福成著作全編總目

## 壹、兩岸關係

①決戰閏八月
②防衛大台灣
③解開兩岸十大弔詭
④大陸政策與兩岸關係

## 貳、國家安全

⑤國家安全與情治機關的弔詭
⑥國家安全與戰略關係
⑦國家安全論壇。

## 參、中國學四部曲

⑧中國歷代戰爭新詮
⑨中國近代黨派發展研究新詮
⑩中國政治思想新詮
⑪中國四大兵法家新詮：孫子、吳起、孫臏、孔明

## 肆、歷史、人類、文化、宗教、會黨

⑫神劍與屠刀
⑬中國神譜
⑭天帝教的中華文化意涵
⑮奴婢妾匪到革命家之路：復興廣播電台謝雪紅訪講錄
⑯洪門、青幫與哥老會研究

## 伍、詩〈現代詩、傳統詩〉、文學

⑰幻夢花開一江山
⑱赤縣行腳・神州心旅
⑲「外公」與「外婆」的詩
⑳尋找一座山
㉑春秋記實
㉒性情世界
㉓春秋詩選
㉔八方風雲性情世界
㉕古晟的誕生
㉖把腳印典藏在雲端
㉗從魯迅文學醫人魂救國魂說起
㉘六十後詩雜記詩集

## 陸、現代詩（詩人、詩社）研究

㉙三月詩會研究
㉚我們的春秋大業：三月詩會二十年別集
㉛中國當代平民詩人王學忠
㉜讀詩稗記
㉝嚴謹與浪漫之間
㉞一信詩學研究：解剖一隻九頭詩鵠
㉟囚徒
㊱胡爾泰現代詩臆說
㊲王學忠籲天詩錄

## 柒、春秋典型人物研究、遊記

㊳山西芮城劉焦智「鳳梅人」報研究
㊴在「鳳梅人」小橋上

㊵我所知道的孫大公
㊶為中華民族的生存發展進百書疏
㊷金秋六人行
㊸漸凍勇士陳宏

**捌、小說、翻譯小說**

㊹迷情・奇謀・輪迴、
㊺愛倫坡恐怖推理小說

**玖、散文、論文、雜記、詩遊記、人生小品**

㊻一個軍校生的台大閒情
㊼古道・秋風・瘦筆
㊽頓悟學習
㊾春秋正義
㊿公主與王子的夢幻、
(51)洄游的鮭魚
(52)男人和女人的情話真話
(53)台灣邊陲之美
(54)最自在的彩霞
(55)梁又平事件後

**拾、回憶錄體**

(56)五十不惑
(57)我的革命檔案
(58)台大教官興衰錄
(59)迷航記、
(60)最後一代書寫的身影
(61)我這輩子幹了什麼好事
(62)那些年我們是這樣寫情書的
(63)那些年我們是這樣談戀愛的
(64)台灣大學退休人員聯誼會第九屆理事長記實

**拾壹、兵學、戰爭**

(65)孫子實戰經驗研究
(66)第四波戰爭開山鼻祖賓拉登

**拾貳、政治研究**

(67)政治學方法論概說
(68)西洋政治思想史概述
(69)中國全民民主統一會北京行
(70)尋找理想國：中國式民主政治研究要綱

**拾參、中國命運、喚醒國魂**

(71)大浩劫後：日本311天譴說
日本問題的終極處理
(72)台大逸仙學會

**拾肆、地方誌、地區研究**

(73)台北公館台大地區考古・導覽
(74)台中開發史
(75)台北的前世今生
(76)台北公館地區開發史

**拾伍、其他**

(77)英文單字研究
(78)與君賞玩天地寬（文友評論）
(79)非常傳銷學
(80)新領導與管理實務

# 總序：陳福成的一部文史哲政兵千秋事業

陳福成先生，祖籍四川成都，一九五二年出生在台灣省台中縣。筆名古晟、藍天、司馬千、鄉下人等，皈依法名：本肇居士。一生除軍職外，以絕大多數時間投入寫作，範圍包括詩歌、小說、政治（兩岸關係、國際關係）、歷史、文化、宗教、哲學、兵學（國防、軍事、戰爭、兵法），及教育部審定之大學、專科（三專、五專）、高中（職）等各級學校國防通識（軍訓課本）十二冊。以上總計近百部著作，目前尚未出版者尚約二十部。

我的戶籍資料上寫著祖籍四川成都，小時候也在軍眷長大，初中畢業（民57年6月），投考陸軍官校預備班十三期，三年後（民60）直升陸軍官校正期班四十四期，民國六十四年八月畢業，隨即分發野戰部隊服役，到民國八十三年四月轉台灣大學軍訓教官。到民國八十八年二月，我以台大夜間部（兼文學院）主任教官退休（伍），進入全職寫作高峰期。

我年青時代也曾好奇問老爸：「我們家到底有沒有家譜？」

他說：「當然有。」他肯定說，停一下又說：「三十八年逃命都來不及了，現在有個鬼啦！」

兩岸開放前他老人家就走了，開放後經很多連繫和尋找，真的連鬼都沒有了，茫茫無垠的「四川北門」，早已人事全非了。

但我的母系家譜卻很清楚，母親陳蕊是台中縣龍井鄉人。她的先祖其實來台不算太久，按家譜記載，到我陳福成才不過第五代，大陸原籍福建省泉州府同安縣六都施盤鄉馬巷。

第一代祖陳添丁、妣黃媽名申氏。從原籍移居台灣島台中州大甲郡龍井庄龍目井字水裡社三十六番地，移台時間不詳。陳添丁生於清道光二十年（庚子，一八四〇年）六月十二日，卒於民國四年（一九一五年），葬於水裡社共同墓地，坐北向南，他有二個兒子，長子昌，次子標。

第二代祖陳昌（我外曾祖父），生於清同治五年（丙寅，一八六六年）九月十四日，卒於民國廿六年（昭和十二年）四月二十二日，葬在水裡社共同墓地，坐東南向西北。陳昌娶蔡匏，育有四子，長子平、次子豬、三子波、四子萬芳。

第三代祖陳平（我外祖父），生於清光緒十七年（辛卯，一八九一年）九月二十五日，卒於（年略記）二月十三日。陳平娶彭宜（我外祖母），生光緒二十二年（丙申，一八九六年）六月十二日，卒於民國五十六年十二月十六日。他們育有一子五女，長子陳火，長女陳變、次女陳燕、三女陳蕊、四女陳品、五女陳鶯。

以上到我母親陳蕊是第四代，到筆者陳福成是第五代，與我同是第五代的表兄弟姊妹共三十二人，目前大約半數仍在就職中，半數已退休。

寫作是我一輩子的興趣，一個職業軍人怎會變成以寫作為一生志業，在我的幾本著作都詳述（如《迷航記》、《台大教官興衰錄》、《五十不惑》等」。我從軍校大學時代開始寫，從台大主任教官退休後，全力排除無謂應酬，更全力全心的寫（不含為教育部編著的大學、高中職《國防通識》十餘冊）。我把《陳福成著作全編》略為分類暨編目如下：

**壹、兩岸關係**

①《決戰閏八月》②《防衛大台灣》③《解開兩岸十大弔詭》④《大陸政策與兩岸關係》。

**貳、國家安全**

⑤《國家安全與情治機關的弔詭》⑥《國家安全與戰略關係》⑦《國家安全論壇》。

**參、中國學四部曲**

⑧《中國歷代戰爭新詮》⑨《中國近代黨派發展研究新詮》⑩《中國政治思想新詮》⑪《中國四大兵法家新詮：孫子、吳起、孫臏、孔明》。

**肆、歷史、人類、文化、宗教、會黨**

⑫《神劍與屠刀》⑬《中國神譜》⑭《天帝教的中華文化意涵》⑮《奴婢妾匪到革命家之路：復興廣播電台謝雪紅訪講錄》⑯《洪門、青幫與哥老會研究》。

**伍、詩〈現代詩、傳統詩〉、文學**

⑰《幻夢花開一江山》⑱《赤縣行腳・神州心旅》⑲《「外公」與「外婆」的詩》、⑳《尋找一座山》㉑《春秋記實》㉒《性情世界》㉓《春秋詩選》㉔《八方風雲性情世界》㉕《古晟的誕生》㉖《把腳印典藏在雲端》㉗《從魯迅文學醫人魂救國魂說起》㉘《60後詩雜記詩集》。

**陸、現代詩（詩人、詩社）研究**

㉙《三月詩會研究》㉚《我們的春秋大業：三月詩會二十年別集》㉛《中國當代平民詩人王學忠》㉜《讀詩稗記》㉝《嚴謹與浪漫之間》㉞《一信詩學研究：解剖一隻九頭詩鵠》㉟《囚徒》㊱《胡爾泰現代詩臆說》㊲王學忠籲天詩錄。

**柒、春秋典型人物研究、遊記**

㊳《山西芮城劉焦智「鳳梅人」報研究》㊴《在「鳳梅人」小橋上》㊵《我所知道的孫大公》㊶《孫大公思想主張手稿》㊷《金秋六人行》㊸《漸凍勇士陳宏》。

**捌、小說、翻譯小說**

㊹《迷情・奇謀・輪迴》㊺《愛倫坡恐怖推理小說》。

**玖、散文、論文、雜記、詩遊記、人生小品**

㊻《一個軍校生的台大閒情》㊼《古道・秋風・瘦筆》㊽《頓悟學習》㊾《春秋正義》㊿《公主與王子的夢幻》(51)《洄游的鮭魚》(52)《男人和女人的情話真話》(53)《台灣邊陲之美》(54)《最自在的彩霞》(55)《梁又平事件後》。

**拾、回憶錄體**

(56)《五十不惑》(57)《我的革命檔案》(58)《台大教官興衰錄》(59)《迷航記》(60)《最後一代書寫的身影》(61)《我這輩子幹了什麼好事》(62)《那些年我們是這樣寫情書的》(63)《那些年我們是這樣談戀愛的》(64)《台灣大學退休人員聯誼會第九屆理事長記實》。

**拾壹、兵學、戰爭**

(65)《孫子實戰經驗研究》(66)《第四波戰爭開山鼻祖賓拉登》。

**拾貳、政治研究**

(67)《政治學方法論概說》(68)《西洋政治思想概述》(69)《中國全民民主統一會北京行》(70)《尋找理想國：中國式民主政治研究要綱》。

**拾參、中國命運、喚醒國魂**

(71)《大浩劫後：日本311天譴說》、《日本問題的終極處理》(72)《台大逸仙學會》。

**拾肆、地方誌、地區研究**

(73)《台北公館台大地區考古・導覽》(74)《台中開發史》(75)《台北的前世今生》(76)《台北公館地區開發史》。

**拾伍、其他**

(77)《英文單字研究》(78)《與君賞玩天地寬》（別人評論）(79)《非常傳銷學》(80)《新領導與管理實務》。

我這樣的分類並非很確定，如《謝雪紅訪講錄》，是人物誌，但也是政治，更是歷史，說的更白，是兩岸永恆不變又難分難解的「本質性」問題。

以上這些作品大約可以概括在「中國學」範圍，如我在每本書扉頁所述，以「生長在台灣的中國人為榮」，以創作、鑽研「中國學」，貢獻所能和所學為自我實現的途徑，以宣揚中國春秋大義、中華文化和促進中國和平統一為今生志業，直到生命結束。我這樣的人生，似乎滿懷「文天祥、岳飛式的血性」。

抗戰時期，胡宗南將軍曾主持陸軍官校第七分校（在王曲），校中有兩幅對聯，一是「升官發財請走別路、貪生怕死莫入此門」，二是「鐵肩擔主義、血手寫文章」。前聯原在廣州黃埔，後聯乃胡將軍胸懷，「鐵肩擔主義」我沒機會，但「血手寫文章」的

「血性」俱在我各類著作詩文中。

人生無常，我到六十三歲之年，以對自己人生進行「總清算」的心態出版這套書。

回首前塵，我的人生大致分成兩個「生死」階段，第一個階段是「理想走向毀滅」，年齡從十五歲進軍校到四十三歲，離開野戰部隊前往台灣大學任職中校教官。第二個階段是「毀滅到救贖」，四十三歲以後的寫作人生。

「理想到毀滅」，我的人生全面瓦解、變質，險些遭到軍法審判，就算軍法不判我，我也幾乎要「自我毀滅」；而「毀滅到救贖」是到台大才得到的「新生命」，我積極寫作是從台大開始的，我常說「台大是我啟蒙的道場」有原因的。均可見《五十不惑》、《迷航記》等書。

我從年青立志要當一個「偉大的軍人」，為國家復興、統一做出貢獻，為中華民族的繁榮綿延盡個人最大之力，卻才起步就「死」在起跑點上，這是個人的悲劇和不智，正好也給讀者一個警示。人生絕不能在起跑點就走入「死巷」，切記！切記！讀者以我為鑒！在軍人以外的文學、史政有這套書的出版，也算是對國家民族社會有點貢獻，對自己的人生有了交待，這致少也算「起死回生」了！

順要一說的，我全部的著作都放棄個人著作權，成為兩岸中國人的共同文化財，而台北的文史哲出版有優先使用權和發行權。

這套書能順利出版，最大的功臣是我老友，文史哲出版社負責人彭正雄先生和他的夥伴們。彭先生對中華文化的傳播，對兩岸文化交流都有崇高的使命感，向他和夥伴致上最高謝意。

台北公館蟾蜍山萬盛草堂主人　陳福成　誌於二〇一四年

五月榮獲第五十五屆中國文藝獎章文學創作獎前夕

以本書獻給
所有的中國人
世世代代生生世世的
炎黃子孫

陳福成

# 找尋理想國

## ——中國式民主政治研究要綱

## 目 次

# 關於本書的聲明——代序

以資本主義和基督教文明為核心內涵的西方民主政治，在流行了二百年後，竟將成為西方文化文明的終結者，也可能是全人類文化文明的終結者，且似已不可逆的啟動「地球第六次大滅絕」。

嗚呼哀哉！伏維尚饗！西方民主政治有無機會起死回生？能否挽救西方文化文明的沈淪惰落？西方思想家們發現「解藥」在東方的中國，孔子手上的靈藥！

二○○五年十月十九日，中國國務院首次發「中國式民主政治白皮書」，向全球宣告另一種中國民主政治的典範。二○一○年間，孔子也在天安門廣場「站起來了」，告訴所有人「藥」在這裡！

本書為回應「中國式民主政治」出現，所進行對東西方民主制度的研究要綱。本書歡迎任何個人、團體廣為印刷，以任何方式擴大發行網印行流通，惟須保留原樣原著作者以示負責。（本書作者陳福成志於台北萬盛山莊 二○一一年春）

# 緒言：找尋理想國
## ——怎樣的民主制度最好？

二千多年前，柏拉圖（Plato, 427-347, B.C.）在他的名著「理想國」說，理想國要能實現，要行三種政策。

第一、廢財產私有，行共產制度。因私有財產制，人就在「我的財、你的財」中鬥爭，不顧公義，不顧國家、社會和諧，內部生成許多分裂。

第二、廢婚姻制度，行共妻制度。因有了家庭，人就在「我的妻、你的妻」中滿足，不顧社會和諧，不顧國家興亡。行共妻，人不知其妻，不知其夫，不知其子，沒有家累，故能共謀國家利益。人不謀私事、私利，社會才能和諧發展。

第三、國家由三個階級共同負責，富於理智的是金質人，為哲人階級，是統治階層；富於勇氣的是銀質人，為軍人階級，保護領土及安全；富於欲念的是鐵質人，生產勞動供全國人民所需。此外，奴隸是人以外另一種動物，不屬人類範圍。

政體上，柏拉圖認為共和政治（Republic）最佳，民主政治最差，共和政治類似中國的「仁政」，是一種「哲人政治」。

有史以來，地球上從未有一個地方「試辨」過柏拉圖的理想國。但在真實世界上，人們不斷在找一個理想國的制度，西方從貴族政體到民主政治，又區分總統制、內閣制……現在出現一種新的「中國式民主政治」。

這是不是一個廿一世紀，不同於柏拉圖的「新理想國」？更不同於西方民主政治的一種中國式民主政治？

# 第一章 西方民主政治發展與當代範例

西方民主政治思想淵源，雖可以遠推到古希臘、羅馬的城邦政治，但現代民主思想從誕生至今，民主被視為普世價值，也不過三百年。

英國政治思想家洛克（John Locke, 1632-1704），提出限制國家權力，並將國家權力區分為三：立法權（Legislative Power）、執行權（Executive Power）和外交權（Federative Power）。

其後，又經盧梭等思想家及各學派理論闡揚，民主政治（Democracy）二百多年來風起雲湧，浪潮吹遍全球。而到二十世紀末葉（約前蘇聯解體）達到最高潮。

縱觀全球各國所謂推行「民主政治制度」者，其國家制度架構設計，大致不離思想家所提構想。

# 壹、西方民主思想的發展與完成

一般學者認為，十二世紀英王約翰（John, 1199-1216），發佈大憲章（Magna Charta），是民主政治的重要源頭，法國大革命影響也是巨大的。

孟德斯鳩（baron de Montesguien, 1689-1755）提出行政、立法和司法三權分立；盧梭（J. J. Rousseau, 1712-1778）在其名著「民約論」（Contrat Social）中，提出的「天賦人權說」，更對法國、美國的民主政治制度產生決定性的影響力。

但民主政治的成熟、完成，至今仍被許多人視為普世價值，視為「真理」，視為民主的核心內涵，則有三個學派的思想（主義）。

## 一、自由放任主義

當盧梭的思想幾乎指引著法國大革命，甚至說他一人的思想幾乎就要推倒一個王朝之際。英國的產業革命已經開始，產業革命須以個人經濟的自由活動為前提，這便向資本社會前進了，乃產生自由放任主義（Laissez faire）。

當是時，英國亞當斯密（Adam Smith, 1723-1790），其名著「原富」（或譯「國富論」（The Wealth of Nations, 1776），此書倡市場自由競爭和利己主義，並為後來的資本主義建立思想體系，至今仍為資本主義之聖經。

十九、二十世紀，「國富論」一書甚至影響到民主政治的內涵和發展，促使西方民主政治和資本主義成為「連體嬰」，成為一體兩面。若抽離資本主義思想，民主政治立即結束；反之，亦然。故下列四大信條構成西方民主社會的四大巨柱，垮一柱，四柱全垮：

1. 私有財產制（Private Property）。
2. 利己（Self-interest）主義。
3. 自由放任（Laissez nous faire or leave us alone）。
4. 競爭與自由市場，且市場決定價格。

亞當斯密在「國富論」中稱「利己主義」，是一隻看不見的手（The invisible hand），歷史前進和社會進步都因這隻手。

## 二、進化論學派

資本主義社會形成，自由競爭的結果，少數人成巨富，多數人更貧窮，亞當斯密不知其中原由。當時英國的人口學家馬爾薩斯（Thomas Robert Malthus, 1766-1854）知人口過盛，他知道有些人必須被淘汰，但為何被淘汰？根據何種法則？馬氏亦說不清楚，因他也不明白。

因一位英國生物學家達爾文（Charles R. Darwin, 1809-1882），找到「真理」，提出「空前絕後」的解釋。他在世界各地經六年的探險研究回來後，於一八五九年發表「原種」（The origin of species），我國清末民初間譯「天演論」，今習稱「進化論」。

現代人早已知道進化論，甚至是基本常識。但當時教宗列為禁書，因為承認了進化論，等於推翻了上帝的存在，這是極嚴重的「殺傷力」。

但到底進化論核心思想是甚麼？為何也構成了民主思想的內涵？一言以蔽之曰：「優勝劣敗乃天演之公理」，優（強）者生存，劣（弱）者滅亡，可促使社會進步。

這本來是人類以外其他動物、植物等生物世界的生存法則。但因這種理論被達爾文解釋成適用於人類社會的進步，在史前時代可能是。十九世紀資本主義的放任競爭和民主自由思想正盛，達爾文的主張當然就與民主政治制度發展，有了緊密的結合。

達爾文學說應用於政治、社會，從十九世紀末到二十世紀上半葉達於頂峰，為強大國家侵略勢弱民族提供合理之口實。簡言之，依進化論觀點「凡一個民族能征服別人的都是優良種，適合（有權）生存下去；反之，被征服者是劣種，失敗者，應該被淘汰，如此不斷進行下去，人類社會才能進步，此文明所必需。

十九、二十世紀時，帝國主義、軍國主義之盛行，莫不由此種思想在「撐腰」。無形中，民主政治所主張的自由競爭、放任政策、市場決定價格等，也就有了更「合理」的說法。

## 三、功利主義學派

功利主義（Utilitarianism）思想，中外古已有之，但使功利主義成為有系統的完整學說，溶於民主政治內涵中，成為民主政治核心價值之一者，有三位重要思想家。

最大歸功於英國法學家邊沁（Jeremy Bentham, 1748-1832），其次彌勒父子，老彌勒（James Mill, 1773-1834），小彌勒（John Stuart Mill, 1806-1873）。

綜合各家功利主義學說，人生一切行為無非是趨利而避害，以謀最大之利，最大之利便是最大幸福。擴而大之，人人都謀己最大之利，便是整個社會最大之利，亦全社會最大之幸福。

邊沁後來把「最大幸福」改成「最大多數」為標準，但並未改變功利主義的核心思維，與民主政治的自由思想和資本主義的利己私財觀點，不謀而合。

## 貳、當前西方民主政治制度重要範例

目前全球國家總數大約二百個，但國家制度之設計安排、以西方民主政治制度為理念所建構，而為中外學者（含大學相關教本，如政治學、比較政府與政治等課程。）推崇，不外總統制、內閣制和雙首長制三種類型。

當然，在非洲許多部落國家和伊斯蘭世界的猶長國，則是完全另一種政治形態，非本文論述重點。

在民主政治的三種類型中，內閣制以英、德兩國，總統制以美國，雙首長制以法國為主，針對其國家元首、總理和國會，略要述之。

## 一、典型內閣制國家：英國

英國之被稱「典型內閣制」，因其為最早形成亦為其他內閣制國家（如日本），學習的對象。

內閣制的基本原則是虛位元首（Titular head），國家大權在首相和國會。

英王透過君主世襲產生，是象徵性的國家元首，保持「統而不治」的超然立場，成為國家統一的象徵。英王通常僅行使儀典權力（Ceremonial Power），包含任命政府官員、外交訪問以及做為名義上的最高統帥等等。是故，「王永無錯誤」（King Can do no Wrong），是英國民主社會普遍的共識和認定。

因無權，故無責，才能「王無誤」，但近年來廢除皇室聲浪日愈高漲，惟尚未能動搖到英王的「存在」地位，及其被英國社會認定的存在「價值」。又因其純然「虛位」，並非英國的政治重心。

### （一）英國的內閣總理：首相——政治重心

英國的首相必是國會多數黨領袖，英王也只能任命多數黨領袖組閣並任首相職。因此，可以間接說首相是經由政黨和民意的支持同意，如果首相請辭，他所屬的政黨有權推舉繼任人選。

按英國政治傳統，內閣向來集體承擔政治責任，下議院（或稱平民院 House of Commons）對內閣提出譴責，內閣便應總辭；反之，執政黨也可以呈請英王解散國會，重新改選議員，這是內閣制典型的政治權力制衡方式。這種集體責任制被視為一項憲法原則，內閣制的基本精神。

首相是國會多數黨黨魁，這也表示首相必有深厚的國會議員資歷。綜觀整個二十世紀，所有首相的議員平均資歷是二十四年，由後排議員、前排議員進而成為政黨領袖，是英國首相的必經之路。而黨魁的產生，工黨、保守黨和自民黨情形不盡相同。

英國的各部會首長約百餘人，但做為決策核心的內閣（Cabinet）僅二十餘人，包含部會大臣、不管部大臣和執政黨黨鞭等。

前述國會的倒閣權和首相的解散國會權，通常並非著眼於解決權力衝突（立法或行政方面），而是選擇對執政黨有利的時間點。例如，一九八二年福克蘭戰役後，柴契爾夫人挾戰勝聲望，解散國會。二〇〇一年六月，布萊爾提前解散國會，重新改選以獲得連任，也是基於相同考量。

在三權分立的制衡原則上，英國行政與立法有很緊密的聯鎖，使得內閣可以左右整個立法過程，這方面權力的行使英國首相優於美國總統。由於英國並沒有建立堅強的司法部門，用來制衡行政和立法機關，可以說並未採行三權分立原則。三權分立的制衡原則在美國甚為明顯，總統任期亦有固定保障。

首相的任期沒有法律上的規定，理論上想幹多久就幹多久，前提是國會和民意的支持。這大概是不成文憲法制度上，刻意保留的彈性。

### （二）國會：上議院與下議院（貴族院和平民院）

立法機關亦稱民意機關，通稱議會或國會（英Parliament，美Congress），是民主政治制度重要的一環。

英國的國會即巴力門（Parliament），擁有通過、改變，及不受法院或任何機關限制，就可以廢除法律的權力，國會甚至能通過推翻法院的決定。英國採兩院制國會，貴族院和平民院。

英國的貴族院歷來人數約千人上下，由世襲貴族、樞機主教和主教等神職人員組成。一九一一年後其權力快速被縮減，一九九九年元月布萊爾政府對貴族院提出的改革法案後，使貴族院完全成為一個象徵性的尊榮制度。

是故，隨著時代轉變，貴族院早已勢微且無足輕重。英國名義上是國會兩院制，實質的權力運作和功能，已如一院制，議會的政治重心全在平民院。

平民院的組織和功能，均類同一般民主國家的國會。但英國的國會恐是所有民主國家的國會中，最重視政治傳統倫理和最嚴謹的國會。例如，議員嚴謹的區分成前排議員（Font benchers）和後排議員（Back bencher），前者指資深議員，首相和閣員通常由資深議員出任，這在各國政治制度中是很特別的一種設計。好處是有民意基礎，壞處是議會和內閣形同「一家人」。另外，後排議員指的是新進議員，或尚未能進入國會權力核心的議員。

再者，英國國會有嚴格的黨紀約束，若不聽黨的指揮，幾可說「結束一生的政治生命」，這是為了體現集體負責的精神。而在野黨黨魁和黨鞭（Party whips），則領有政府薪俸，也是一種公務員，是為體現忠誠反對黨（Loyal Opposition）的功能。

綜觀英國民主政治制度之安排，英王是虛位元首，僅是國家統一的象徵，並無實權。貴族院只是一項尊榮制度，雖是國會中之一院，但國會應有的權力幾乎完全沒有。而首相雖對平民院負責，但首相和平民院已形同一家人（首相、閣員多是議員）。故一般研

究政治制度的學者，認為英國的內閣制應改稱「首相制政府」，因首相是全國政治重心，最有大權之一人。（註一）

另有學者按首相向平民院負責。準此，平民院有倒閣權，首相有提請英王解散國會權，稱其內閣制為「一黨統治，另一黨監督，最終交由全民公決」的制度。（註二）

勿論英國的民主政治制度如何稱謂，其政治生態重視穩定、紀律、傳統、倫理，並集體負責，是重要的特質及其價值。任何政治人物忽視這些，表示他很快便「待不下去了！」只好另謀他途。

## 二、聯邦內閣制國家：德國

德國是歐洲少數幾個聯邦國家之一，國以下有各邦（Lander），政治權力分別由聯邦政府（Bund）及邦政府所分掌。德國民主政治制度設計上雖也稱內閣制，但和英式內閣制已明顯不同。

德國基本法為防止納粹第三帝國濫權災難發生，制度安排上特重視歷史推續性（如維持聯邦制）、政治穩定（制衡），及限制極端或反體制勢力的興起，以確保民主政治秩序不受到顛覆或破壞。

## （一）德國的虛位元首：聯邦總統

德國總統和英王都被稱為「虛位元首」，但德國總統比英王確有較多的權力，握有可能產生重要影響之權柄，原因是他來自選舉。

總統由全國性的聯邦議會及邦議會推出的黨代表，所組成的聯邦大會（Federal Convention）選出來。因此，他可以說是各黨派的聯盟所組成的多數，決定折衷的人選，歷來能脫穎而出的都是廣受各界敬重的政治領袖。

德國總統任期五年，連任一次為限。總統權力包括：眾議院（Bundestag）改選後，提名得到多數席次的政黨領袖出任總理（Chancellor），過半數眾院議員同意，過程便算完成；假設不成，眾院亦可以過半數同意將特定人選送請總統任命。

國會杯葛內閣提出法案時，總理欲保其職位，總統「得」依基本法第八十一條，批准總理所請宣佈進入緊急立法狀態（Legislative emergency）。自此，內閣法案只須得到聯邦院（Bundesrat）同意，無論眾院是否通過都在四星期後成為法律。

總統的權力還包括任命及解除各種公職人員職務，簽署所有聯邦法律。理論上，總統可以拒絕完成法律程序的法律，但可能引發憲政危機、下台、聯邦憲法法院彈劾等。

### （二）聯邦實權總理，「總理式民主」

早在德國尚未統一，基本法已規定總理控制聯邦政府，只有總理才向國會負責，所有閣員則只向總理負責。當時學術界稱西德為「總理式民主」（Chancellor democracy），有別於英國內閣首相制的另一種政體。

統一後的德國承續維持這種制度，總理不僅握有實權而且強勢。這得力於基本法三項合理化內閣的制度設計。即「建設性不信任」、「被動解散」和「緊急立法」。建設性不信任規定將在下項「國會」介紹，此處先就被動解散和緊急立法說明。

緊急立法除前項所述，附有可一不可再但書。政府訴諸該項程序，在國會任期屆滿前不得進入另一次緊急立法狀態。再者，除非眾院選出新總理，否則緊急立法狀態至多可持續半年。

按基本法設計，總理可以主動請求國會進行信任投票，若未得多數支持，總理得根據基本法第六十八條，在三星期內提請總統解散國會。換言之，只有主動要求信任投票又闖關失敗，總理才可提請總統解散國會，是謂被動解散。其目的在提高倒閣難度，防止威瑪共和時期極端政黨頻頻倒閣，造成政治動盪情形重演；同時亦著眼於避免總理濫用解散權。

總理由眾院多數選舉而產生，閣員得兼任眾議員，且多數來自眾院。「總理的影響因素」（Chancellor effect），常是德國社會注目的焦點。

### （三）德國國會：聯邦兩院制

同是內閣制國家的英、德兩國，德國眾院角色近似英國平民院，聯邦院（或稱參議院）則與英國貴族院大相逕庭。原因在於德國是聯邦國家，英國是單一國家（中央到地方一條鞭）。

眾議院議員由人民選舉產生，聯邦院議員由各邦政府派駐聯邦的代表所組成。根據基本法第二十三條，聯邦院權力得到大幅擴張。

首先，國家讓渡主權，必須同時取得聯邦院和眾院三分之二多數議員同意，再者邦政府透過聯邦院參與歐盟事務。

國會兩院均可行使立法權和法律提案權，惟眾院有較高之權力。眾院三讀通過的法案會回到聯邦院，通常直接交付委員會審查，院會據以表決，聯邦院通過便送請總統簽字生效。但若聯邦院在兩星期內未採取行動，法案視同通過。

又若聯邦院拒絕為眾院通過的法案背書，兩院代表組成的協調委員會（Mediation Committee）便要介入，通常可以得到妥協方案。

聯邦院是德國聯邦主義的支柱，代表各邦利益。眾議院主要功能在選舉總理、控制官僚體系、參與聯邦法官選舉及制定法律。而眾議院的權力中心在元老委員會（Council of Elders），由議長、副議長、政黨代表等組成，都是經驗老到的資深議員，總能就立法程序達成廣泛的政黨協議。

綜觀德國民主政治制度之設計，極重要之部份是維持政局穩定，避免反體制及極端勢力之出現。聯邦總統雖為虛位元首，象徵國家統一，重要性與日俱增；總理則獨攬大權，壟斷整個政治過程，得「總理式民主」稱號。

## 三、典型總統制國家：美國

總統一職可說是美國的一項奇特的發明。（註三）也是當代世人最為知曉的民主政治制度，政治學領域都稱「總統制」。目前全世界約十多國家行總統制，且多在美洲地區，歐洲沒有像美國這樣純粹的總統制國家。

## （一）地球上最有權力的人：美國總統

大家常說美國總統是「地球上最有權力的人」，也確實，研究美國憲法及其運作狀態，總統大權在諮文權、預算權、否決權、立法權、戰爭權、外交權，都有極高的掌控力和自主權。

是故，連同一般內閣制國家總理的權力。也都集中在總統一人身上。所以美國並沒有內閣（無法律規定），確有知名度很高的廚房內閣（Kitchen Cabinet），國務卿及各部會首長只不過是總統的幕僚。

總統當然可以直接「指揮」幕僚，但不能指揮國會（因三權分立），這不表示沒有其他辦法（間接）指揮國會！分贓是總統爭取國會支持的重要手段，其中包含法案交換、人事酬庸和預算互惠。（註四）形成了美國特色的「肉桶立法」（Pork barrel legislation），以分贓制度為核心的政治生態，這種思維可能和資本主義發達有關。

## （二）負責立法、別無他權：美國國會

美國國會採兩院制，一院是參議院（Senate），另一院是眾議院（House of

Representatives）。美國國會與其他國家的國會最大不同處，在於只負責立法，無從推舉行政首長。準此，國會無權倒閣（亦無閣可倒），總統亦不能解散國會。

因而，國會的重要性反映在開會的天數遠超所有國家，每年除八月休會期，國會幾可說全年無休的不斷在開各種會議。

在立法方面，參眾兩院享有同等權力，而只有參議員享有疲勞轟炸（Filibustering）權。眾院議長由全體議員選舉產生，必是多數黨議員，他被視為華府第二號人物，權力僅次於總統。參院情形大不同，憲法規定由副總統主持議事，而他只有在可否同數時享有投票權，副總統甚少主持法案審查，通常由資深議員任代理議長負責。

美國國會雖無權倒閣，仍有對抗總統的法寶，如調查權、撥款權、同意權、宣戰權等。

有關美式總統制之研究，歷來各種研究著作甚多，所有政治學教本無不以最多著墨論述，本文簡略提示。

## 四、雙首長制國家：法國

法國雖自一七八九年大革命後，開始有民主體制。但真正的現代政治是在一九五八年的第五共和誕生，才出現的雙首長制，台灣有稱混合制。在此之前的第三、四共和，都因國會權力太大使行政權處於長期癱瘓狀態，國力因而式微。

## （一）雙首長制下的總統

一九五八年戴高樂將軍決心以憲法變革挽救法國國力式微，新憲法著眼於擴大行政權，削弱國會立法權。但又將行政權分割成兩部門，一者總統有崇高的地位和實權以觀照國家長遠利益，再者總理也是有實權的政府領袖足以推動繁重政務。這個制度既非內閣制，又非總統常，而是強化行政能力的雙首長制。

法國雙首長制下的總統除有一般民主國家總統權力外，另有四種新權力和特權：解散國會權、將國會通過的憲法修正案提交公民複決、將政府法案提交公民複決及緊急處分權。

第五共和賦予總統解散國會的權力，從內閣制或總統制都很難解釋得通，只能說是一種民主政治的新體制。

另一項緊急命令權不須總理副署，學者稱之「保留權力」（Reserved Power），近似羅馬法中的獨裁規範，始終是自由派人士之夢魘。

## （二）雙首長制下的總理

由於總統才是國會多數的掌控者，總理只能以總統幕僚長自居，但憲法規定「內閣總理指揮政府運作，負責國防，並確保法律的執行。」因此，總理仍是有實權的政府領袖。惟若總統和總理分屬不同政黨，就會出現「左右政治」（Cohabitation）的困境。

第五共和憲法規定，部會首長由總理提請總統任免，部長通常出身國民議會議員，以掌控國會多數。由總理和部會首長組成的部長會議（Conseil des ministres，亦稱內閣會議），具有憲法地位；惟部長地位並非平等，部長分四等，第一等國務部長（Ministre d'Etat）為權力核心，次為全權部長（Ministre de plein exercice），再次是助理部長（Ministre délégué）和部務卿（Secretaire d'Etat）。

不同於總統制國家，法國內閣閣員有權到國會陳述意見，進而指揮與自己有扈從關係的議員進行表決。內閣在立法過程中享有優勢，均見第五共和憲法提高行政權的作為及其設計理念。

## （三）雙首長制下的國會

法國國會採兩院制，參議院（Sénat）和國民議會（l'Assemblée nationale）。兩院中僅有國民議會有倒閣權，惟針對倒閣權有諸多限制，以增加倒閣難度。例如，計票方式以對內閣有利行之，廢票和棄權均視同反對倒閣，又總統有權解散國會。

對國會權力大加限制，提高行政權的權威，本是第五共和憲法的核心思維，一般國家國會功能、權力，法國兩院大多也有，只是給予諸多限制。

雖然所有法律都要國會通過，但憲法第二三八條定國會可以「在一定時間內」，放棄立法權，以便政府可以為了「執行他的政策」，行政部門自行成為「立法者」角色。

國會雖有提案權，但幾乎所有法案都由內閣提出，且內閣有權控制兩院議程，有權迫使國會進行「包裹表決」（Blocked Vote）；再者，除非內閣要求開特別會，否則國會一年集會時間只有六個月，明顯的降低國會功能和對內閣可能的干擾。

為確保內閣提出的法案得到國會支持，憲法第四十九條則規定，總理得宣示「政府將承擔責任」之意願，此時，除非議員成功提出譴責案，否則該法案視為自動通過，國會無需再行投票。至譴責案提出亦有嚴苛條件，甚至反而造成國會解散；是故，許多法案只要政府宣示負責，該法案便無需國會投票，而自動成為法律，這是與各民主國家極大不同的地方。

法國的兩院，參議院地位如同英國貴族院、大權在國民議會。通常兩院有歧見不能化解，總理可以依憲法第四十五條介入協調，無論協調結果如何，總理有權指定國民議會單獨決定法案最後內容。

綜觀法國第五共和民主政治制度之設計，行政權一枝獨秀，國會權限大幅度刪減。總統有大權而無須向國會負責，由總理充當總統的政治防彈衣，著眼於和總統建立扈從關係（Patron-client relations）。

雙首長制（或稱混合制）存在許多灰色空間，到底誰該負責?至今不過推行半個世紀，能否建立一種典範?可能須要更久的「實驗期」！

## 參、西方民主政治揭示之重要內涵

西方民主政治從思想、理論的提出，到成為可以普遍推行的制度、至今約二百年，二十世紀幾乎被西方英美強權操弄成普世價值與制度。

到底何謂民主政治？可能千本博士論文還說不清楚。故本書以最真實簡約的方式，論述民主政治的制度和內涵。前述內閣制、總統制及雙首長制，只是用來推行民主政治的一種組織型態，或從表相所看到的一種架構。

但不論那一種架構？那一種組織型態？既稱「民主政治」，則仍應有其內涵。民主政治的內涵為何？這恐怕又是百家爭鳴，各稱其是。若綜合各家之說，民主政治的內涵應具民意政治、法治政治、責任政治、政黨政治、多數決定及民主社會等。

再者民主政治也有其基本條件，如地方自治、經濟生活、民主教育、民主道德、優良傳統及政局安定等。

利益團體的存在及其活動影響，也被視為民主政治的重要內涵，且在民主社會中，利益團體被稱「匿名帝國」（Anonymous Empire），是一種「無影、無聲、無名」的影響力。當然，在總統制、內閣制和雙首長制的不同制度型態中，利益團體都有不同運作方式，容許其存在與活動是民主政治的必要條件。

司法權（Judicial Power）做為三權分立重要的一支柱，惟在內閣制和總統制受到不同對待。例如，司法審查（Judical Review）在美國發揮了明顯的制衡作用，成為民主憲政發展的動力，在學界有「法官政治」、「法官造法」及「國會兩院外的第三院」之評說。

在內閣制的英國，因國會至上、國家大權匯集於首相及普通法系傳統，行政權一支獨秀，司法審查的可能已被排除。

司法審查權雖在總統制和內閣制得到不同對待，但司法權中的審判獨立則被視為民主社會的普世價值，尤以公開、公平之原則，也是法治政治的重要內涵。

以上各種民主政治的內涵中，事實上每一項都仍有極多的歧義，同是所謂的「民主國家」，不僅英美德法等先進有不同意義，其他開發中國家歧義更大。

再統合民主政治的制度和內涵，合其表相架構與思想內容，為民主政治做一界說：（註五）

1.民主政治為一種政體，或一種社會制度，或一種政治或道德觀念，也是一種政治理想或道德理想。

2.民主政治雖有直接民主和代議民主之分，但均不能妨害主權在民之原則。理論上，直接民主較代議民主更民主；實際上，代議民主比直接民主更可行。

3.多數統治，尊重少數。民主政治雖謂全民之治，但其實許多「人性」不喜歡政治，不理政治。故，少數治理、多數統治、尊重少數，最為可行與合理。

4.地方自治是民主政治的基礎，也是一種基本條件，若缺乏這項堅實的基礎，民主政治都是空談。

5.民主政治追求自由、平等，並使其成為一種生活方式，人人得到保障和尊重，自由自在且平等的生活著。

**註釋：**

註一：李國雄，比較政府（台北：中華電視公司，二〇〇〇年二月修訂版），第七章，第四節。

註二：胡祖慶，比較政府與政治（台北：五南圖書出版公司，二〇一〇年十月，第五版），頁五八。

註三：同註一，頁三四九。

註四：同註二，頁二五。

註五：馬起華，政治學原理，下冊（台北：大中國圖書公司，一九八五年五月），第十六章。

# 第二章 西方民主政治之謬誤、困境與人類前途

從二十世紀下半葉，不論一般媒體或學界，常聽到「西方沒落」這樣的議題討論，且越來越熱烈；相對「西方沒落」，當然就是「東方升起」，或「向東方取經」、「向中國取經」，向孔子索取解救西方——救全人類的靈藥。

改變讓人害怕，「西方沒落」意味著一種大轉變，「有意識的人」（上層結構）最害怕，率先提出「中國威脅論」抵制，企圖凝聚反制力量以減少害怕。這部份已是本書主題之邊陲，故不多論。

這裡所說的「西方沒落」包含整個西方文明文化，或許顯得無邊無際。若給一個俱體規範，可謂是「西方民主政治之謬誤、難以脫困」。但我以為更大的災難，是近十餘年來科學家所警告的「地球第六次大滅絕」提前啟動，這個啟動機制是「民主政治、資本主義、基督教」三合一所形成。本文僅針對前二者論述。

# 壹、民主政治基本理論之謬誤

西方民主社會的核心思維包含自由放任主義、進化論及功利主義學派，但其源頭可以追溯到基督教思想。這些思想其實可以總納西方文明文化，今僅對前三者簡述。

## 一、自由放任主義之謬誤

產業革命以個人經濟活動的自由為前提，因此產生自由放任主義。按亞當斯密之論，及當代馬爾薩斯（Thomas Robert Malthus, 1766-1854）學說，政府和富人不必賑救貧民，貧窮是一種自然演化，應任其自由競爭，使不適者（弱者、貧者）自然淘汰，而達全體社會的幸福。

把這種思想融於民主政治制度，經二百年的結果，是人類社會走向M型。大多數民主國家，其總財富的絕對多數控制在極少數人手中，多數人是貧窮的，這便是所謂「M型社會」。

## 二、進化論用於人類社會之謬誤

進化論用於解釋人類以外生物（動、植物），乃至人類在文化文明尚未發生，倫理道德尚未形成的史前社會，可謂是一種「真理」。

但當人類社會進步到十八、九世紀，已有高度文明文化，再用進化論解釋（合理化）人類社會的競爭活動，等於把人降格「物化」，甚至「動物化」。弱肉強食，成為合理競爭，成為演化更高級文明的過程，帝國主義和軍國主義予焉產生。

二戰後大家以為帝國主義和軍國主義不見了，殊不知美國成為「新型態」，能「變色」又能「隱形」，是新品種的帝國主義兼軍國主義，中國的軍費約是美國的十分之一。美國一年的軍費約是全球先進國家軍費的總和，因為要介入許多戰爭和別國的內政。

## 三、功利主義之謬誤

功利主義認為人類一切行為不外求利，排除了人際之間的道德、友誼、人倫作用。如此，人和動物又何異?然而這是民主政治核心思想之一。

功利思想在中國古已有之（楊朱學派），但從未在中國文化成為主流思想，更不可能俱體化成為一種制度內涵。凡讀過幾天書的中國人，都知道「孟子和梁惠王的義利之辯」，純悴言利之論述，從來不被中國文化接受。

從人性角度去解析，不論那一人種（西方或東方），相信所有人不可能完全是功利主義的。故，功利主義把人類行為中的求利這部份，無限上綱成「全部」、成「定律」，真乃天大之謬論。

功利主義、個人主義、自由主義都是「一家人」，成為西方民主政治的核心價值。

而民主政治又為分散權力故，必造成行政緩慢與效力低落，民怨高漲。改善之道，只好把權力集中少數人或一人，民主又成集權，再極端則成獨裁政治。而其基本理論的謬誤指導下，談民主、談人權，有多少真實？

早在柏拉圖（Plato, 427-347, B.C.）和亞里斯多德（Aristotle, 384-322, B.C.）時代，這些思想家對民主政治亦無好感，認為是一種腐化政體，且最接近暴民統治（Mob-rule）。

現代西方民主社會本質上就是一種資本主義社會，從這種社會型態在地球流行的二百多年來，便是一種「不可逆」的災難。二〇〇八年的金融大風暴再度讓全球有智慧的人，思考資本主義是否該「壽終正寢」了。此時，約瑟．希斯（Joseph Heath）名著「髒錢」，直指資本主義社會賺的銀子是不道德的髒錢，是違反社會公平正義的。該書亦指出放任和自由市場的荒謬性，民主政治的困境等，馬克斯預言的資本主義末日似在眼前！當資本主義崩潰，與其同體的民主政治制度便在一夜間「打烊」，何種制度是取代者。

## 貳、民主政治的眞相——政客和資本家的溫床

「民主」立意甚佳，然被功利主義、資本主義和進化論學派所包融，乃成為政客和資本家的溫床。吾人在第一章所述民主政治重要內涵（民意、法治、責任、政黨、多數決、利益團體、司法審查等），可進而看其真相：

1. 民意是政客操弄的把戲。只要是稱民主國家，無處不見操弄民意，歐戰時美國民意是「不參戰」，小布希入侵伊拉克民意多反對，但結果如何?台灣族群分裂就是台獨份子操弄民意的結果。

民意雖可見民心傾向，但民意難測，也是政客最愛用的屠刀。蔣經國時代若真靠民意決定，便不會出現台灣第一條高速公路！余以為，民意當然要體察，但也要洞察「假民意」（如台灣的自由時報善於製造假民意），有多少洞察者？

2.兩黨政治易造成國家、社會、族群分裂。說「易造成」是不一定會，但很可能發生，且大多發生。台灣經過統、獨兩陣營執政後，美其名曰「政黨政治」，其實是社會分裂的元兇，美國在小布希時內部分裂情形，與台灣比是五十步和百步之差而已！其他如菲律賓等國亦如是。

政黨政治（兩黨或多黨）在許多開發中國家不適合，有些國家之國情、歷史文化不同，政黨政治是災難的開始。政黨政治推行的環境，必須是國家整合已經完成內部沒有分離主義。再者，一黨執政，一黨「反對」也是矛盾。而製造國家、社會、族群分裂的政黨，應以國家之力令其解散，否則受害者仍是全民。

3.法治政治，法治碰到政治總是輸。相信任何政治制度都須要法治，只是民主政治所指涉的法治範圍甚為廣泛。假設區分上下兩個層次，下層的法律平等、罪刑法定、審判獨立等，較為單純，易於執行，這些原則廣泛受到肯定。

上層者依法行政和司法審查，則總是受到政治干擾，甚至大多時候是向政治一面倒。假使以此二項的「應然」標準，衡量所有號稱推行「民主政治」的國家，其「實然」恐極少有合格的。

4.責任政治，誰該負責？在民主政治制度中談的責任政治，通常指政治責任，政治領袖（如總理）對國會負責等，或部會首長因事如何負責！做不好下台（政治人物或政黨），本是負責任的表現。

但民主政治的責任政治仍有說不清楚的地方，如民選總統（小布希為例）應對選民負責，當時選民反對發動伊拉克戰爭，小布希一意孤行，造成的災難誰負責，他又如何對選民（美國人民）負責？類似情事真舉之不盡。

5.多數決大多是少數。民主政治的多數決，不論地方性或全國性大選，固然有很多得到壓倒性的真正多數，但也經常得到選民總數的少數（四成不到或更低，如小布希的當選，又如公元二千年和〇四年台灣的獨派「偽政權」，三成選票如何代表全體，都是民主之荒謬性。）這種「極少」當選，都是製造更大的問題。

多數決的問題也是書之不盡，三十票的政策比二十九票好嗎？或票數少的政策是劣質的政策嗎？還有，新聞和言論自由無限上綱，成為「無法無天」的獨立者，製造社會動盪不安，製造族群對立（如台灣的自由時報），乃至操弄司法（如麥可傑克遜的性醜聞竟是被栽贓、加新聞操弄。）新聞和言論自由雖重要，但公理、正義、族群和諧更重要。

台灣媒體假「自由、民主」之名，成為不中不西的魔鬼。「今周刊」曾以「電視亡國」形容台灣媒體的沈淪（二〇一〇年十一月，第七二五期）。媒體已是台灣社會亂源。

其他如利益團體的活動和政府關係，在一些先進民主國家（美、英、法、德），雖有較佳規範，絕大多數都成了「分贓活動」，長期下去必使國家社會處於動亂、腐敗、貧富兩極、政客和資本家控制等。而司法審查發揮的功能也不多，否則以最堅持三權分立的美國，也不會出現從九一一到金融風暴的「地獄十年」（註二）。學者從美國出現這些大問題，研究美式民主政治出現三大陷阱。

第一重陷阱是政治人物不斷利用意識形態製造虛假議題做為切割選民的手段，造成社會內部對立，競選手段也日趨下流。

第二重陷阱是政治人物不斷競相討好個別選民群體，給民眾灌迷湯，不敢讓民眾誠實面對問題。

第三重陷阱是美式民主體制很容易被利益團體滲透，並在兩黨內扶持利益代理人，左右決策過程。最明顯的是，猶太人的利益團體控制了美國的財經政策和中東政策。

另一位國內有名的政治觀察家張鐵志，則稱美式民主體制叫「金權民主」。（註三）若然，則號稱「民主典範」的美國，行的豈不是「假民主」，小布希那八年更像台灣「陳水扁偽政權」那八年。

先進民主美國尚且如此，其他一百多個自稱走的是「民主政治」的國家更不能看！

正當我在思考本書寫作方向近幾年，地球上一些民主國家出現大問題（數十年始終存在），海地的貪污腐化和貧窮、泰國動亂、埃及爆動……。

埃及勢力最強大的穆斯林兄弟會發言人，艾爾巴拉岱說：「必須完全擺脫這種假民主」。（註四）原來穆巴拉克追隨美國三十年，行的是「假民主」。

綜觀民主政治的真相，在朝者是政客操（肏）弄，在野者是資本家控制，這才是真正的兩黨（政客、資本家）政治、是謂「金權民主」也。

但民主政治也並非一無是處，民有、民治、民享，以及民族、民權、民生，都是很有價值的思想。而「民主」雖是一塊超大的「虛餅」，如虛位元首，統而不治，心情也爽吧！

但就長遠看，民主政治恐是全球大災難，像「明天過後」那種景像可能在本世紀發生，追其本源禍首就是民主政治（功利主義、進化論、自由放任和基督教思想是核心思想）。

## 參、揚棄民主政治、推行社會主義、挽救人類滅亡

聽我這麼說，死忠迷信西方民主政治（尤其美式）的人，定說我是瘋子或白痴（無

所謂，所有先行者、思想家、科學家或藝術家，其初始都被人說成病態或低能。）

先做最簡單易懂的說明，民主政治是多數參與（其實是抬轎、當一天主人），把權力集中在極少數人或一人，是一種「瞞天過海」式的集權和獨裁。學界常稱民選總統是民選帝王（Elected Monarch），美國總統稱君王式總統（Imperial President），（註四）其理在此，所以西方民主政治制度所行的民主根本是假相。

而在經濟上，民主政治使百分之十（或更少）的人，成為富豪，掌控社會總財富的九成；使百分之九十的人成為窮人，其中有大半會淪為赤貧這就是現在全球漸漸已在形成的「M型社會」。

徹底揚棄民主政治，推行社會主義政策，才是挽救地球的天候和環境浩劫，挽救人類淪亡（多少科學家警告，若不改善，本世紀末地球只剩十億人口，但若不廢民主政治制度，所能改善者只是一些細微末節，無濟於事。）說明如下。

1. 救地球毀滅的源頭在經濟和環保，甚至可以在歸納入「經濟」一項，蓋因人類的經濟活動不外生產——分配——消費流程內。民主政治思想以資本主義為內涵，經濟活動控制在資本家（含政客）手中，拼命鼓勵消費、消費、消費，無限制消費，為刺激生產、生產、生產！

因分配手段（行銷策略）控制在資本家手中，消費者在「無意識」中消費、消費、消費，這便是大前研一說的「低ＩＱ社會」，也是國內學者金惟純說的「集體無意識」，禍延後代。（註五）民主政治再搞下去，便是全社會的「集體無意識」和「集體低ＩＱ」。民主政治不僅在經濟上使整個社會的「絕對多數人」，成為「集體低ＩＱ、集體無意識」；政治上亦然，選舉越來越是如此，台灣已是這種社會的「典範」！

在這樣政治和經濟雙重操（肏）弄下，地球資源被無限制消費和耗盡，改變了氣候，啟動了「地球第六次大滅絕」。以美國為例，人口佔全球百分之二，但消耗地球百分之四十以上資源，多可怕！曾有專家估算，若全球六十億人口都過「美式生活」，則地球只能維持十五年便「垮」了！（註六）

我在台大聽一位教授說，全球中國人和回教世界共二十多億人口，所有家庭做一年「節能減碳」工作，還不夠紐約和華盛頓兩城半年的消耗能源。非洲肯亞人均一輩子消耗的資源，只能美國人均兩星期之用，這就是資本主義（民主政治）的可怕。（註七）

2.另一項要終結民主政治的理由是文化上的必須。吾人研究西方政治思想多年，深知西方文明在古羅馬、希臘時代，乃至中世紀，類似中國「四維八德」的價值，還是受到肯定的。惟十八世紀後（約十七世紀下半開始），民主開始誕生、流行，到二十世紀上半葉，這些屬於人類本質性的傳統倫理道德流失光光，所謂民主社會，其實是「人吃人的野獸社會」，是一種「叢林世界」。

只剩中國文化和伊斯蘭文明堅持節儉生活，堅持傳統倫理觀，但民主如洪水沖向全球，以美國為首的西方霸權企圖改變全世界。伊斯蘭世界以「九一一」表達抗議，中國似仍有力量抗拒西方民主政治入侵。我還是擔心，萬一中國不能抗拒西方資本主義和民主政治這兩隻超級「暴龍」，則地球文明、文化也只好都一起滅亡。

3. 推行社會主義政策，救地球、救人類。更積極想要救人類、救地球，免於大浩劫之發生，免於人類社會向禽獸社會更接近一步，是積極推行社會主義政策。就是不談甚麼「主義」，也必須以國家之力介入生產、分配和消費流程，改變整個人民的生活型態。

社會主義救地球的思維不難理解，生產——分配——消費必須完全合乎社會正義，合乎環保理念，這些政策在民主政治制度不可能被有效執行。

一國之中，不應有「富豪」出現，不該有窮的吃不起飯的人，這才是「比較接近理想國」的世界，這樣的世界只有社會主義辦的到；民主政治反其道，走向腐敗的社會。

人類自古追求的「公平、正義」社會、有文化有倫理有教養的社會，只有在社會主義制度中可以實現；民主政治反其道，誤以為放任、自由的野獸社會是人類的正常社會，那是一種強凌弱、眾暴寡，不公不義的社會。

總結西方民主政治社會，其推行近兩百年來，確實如鴉片，如迷幻藥，讓人夯，讓人High。就短期可見的未來，甚至現況，已然出現大前研一所述之「M型社會」和「低IQ社會」，呈現金惟純警示的「集體無意識」社會，人被政客牽著鼻子走。而在經濟上，被資本家所操控的媒體行銷牽著鼻子走，媒體說吃白菜可以長生不老，明天市場的白菜立刻造成搶購，人變得無意識、無判斷力，真正清醒的，有自覺的人，不多！極少！

就長期可見的未來，由個人主義、利己主義、放任主義（有美其名曰自由主義）、資本主義、進化論和基督教思想為基本元素，融合製成的民主政治，導至西方的沒落，導至人類社會走向極度浪費和腐敗，已啟動「地球第六次大滅絕」，且已不可逆了。

若然，本世紀末即是人類的末日。西方思想家從數十年前就提出，欲救人類社會之淪亡，到中國向孔子要「解藥」，又說到中國取經。

到底到中國取甚麼經？孔子有甚麼「解藥」？

## 註釋：

註一：鄭政秉，「邪惡貪婪的資本主義，為何不會崩潰？」，中國時報，九十八年十一月一日。

註二：朱雲漢，「美國地獄十年的癥結」，商業周刊，第一一五一期，二〇〇九年十二月十四日—十二月二十日。

註三：張鐵志，「金權撼動美式民主」，中國時報，二〇一〇年二月二十五日，A十七版。

註四：胡祖慶，比較政府與政治（台北：五南圖書出版公司，二〇一〇年十月，五版），第四章。

註五：金惟純，「唉！這樣的十年」，商業周刊，第一一五〇期，二〇〇九年十二月七日—十二月十三日。

註六：陳福成，春秋正義（台北：文史哲出版社，二〇〇七年十二月），頁一八五。

註七：朋友私下聚會，非學術報告，因此這個說法只供參考，無科學演算證據。但也說明美國人多麼浪費，實在是罪惡，也是民主政治的罪惡。

# 第三章 中國式民主政治制度概述

二〇〇五年十月十九日，中國國務院首次發表「中國式民主政治白皮書」，宣告全球，中國式民主政治將遵循下列原則：

1. 堅持中國共產黨領導、人民當家作主和依法治國的有機統一；
2. 發揮社會主義制度的特點；
3. 有利於社會穩定、經濟發展和提高人民生活水準；
4. 有利於維護國家主權、領土完整和尊嚴；
5. 漸進有序。

白皮書也重申社會主義的民主觀，包括人民民主專政、民主集中制等，並表示絕不能照搬別國政治制度，套用於中國。

絕不能照搬西方民主制度來用是當然，否則就不叫「中國式」，也不能稱「發揮社會主義制度的特點」。吾人以為，「中國式」應是最頂層規範，因為「中國式」可以涵蓋社會主義，而社會主義不能涵蓋中國。

多年來找始終在思索「中國式民主政治」，其制度架構和內涵應如何？大約在一九八八年前，余在政治研究所認為「三民主義五權憲法」是中國民主政治，但往後的二十年我不斷研究和觀察，發現三民主義五權憲法有「部份」是行不通的。公元二千年後，我的研究有了結果，中國現在這套制度正是實踐「中國式民主政治」的制度架構，而其內涵、精神（第四章）則正在充實；且制度架構亦在漸進有序調整中，內涵精神也正無聲無息的轉變、發展中。

目前中華人民共和國，用來推行「中國式民主政治」這套制度，在其憲法和許多專書都有詳載。本書仍加以略述。

## 壹、中國國家憲政架構

當前的中國國家憲政制度，正是許多專著提到的「1+2+6體系」（如表）。「六大領導班子」如表所示，也有把黨委、人大、國務院、政協及紀委，稱「五套領導班子」。均略說於後。

1. 國家主席。

對內對外等同外國國家元首規格的職銜，國家主席與全國人大常委會共同行使通常由國家元首行使的職權，現設副主席一位，協助主席工作。主席、副主席均由全國人大選舉年滿四十五歲以上的中國公民擔任，任期與全國人大同，連任不超過兩屆。

國家主席的責與權，都和全國人大及常委會聯結一起，不直接處理國家行政事務，亦不單獨決定國家事務，學界稱為「集體國家元首」制。（註一）但國家主席並非如西方之「虛位元首」，其職權是根據全國人大及常委會決定，公布法律、任免國務院人員、授予勳章、榮譽、特赦、宣佈戰爭狀態等；代表國家接受外國使節、締結或廢除條約等。

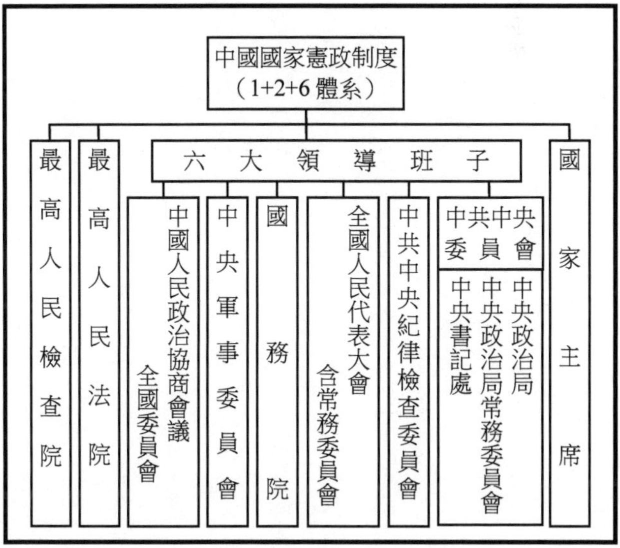

2.中共中央委員會。在全代會閉會期間，執行全代會的決議，領導黨的全部工作，對外代表中國共產黨，成員約兩百人左右，都是各級領導人。但黨的重大工作和決策，仍由中央政治局及其常委會、中央書記處進行處理。此三機構和中央委員會總書記，都由中央委員會選舉產生。

3.中共中央紀律檢查委員會。在黨的中央委員會領導下工作，中紀委員一百二十人，設書記一人，副書記若干。中紀委主要任務是：維護黨章及其他規章制度，協助黨中央整頓黨風，檢查黨的路線、方針、政策及決議執行情形。中共黨員多（二〇〇八年底是七五九三‧一萬人），中紀委對黨員紀律有很大約束力。

4.全國人民代表大會。是最高國家權力機關暨立法機關，它與西方國家的議會性質類似，亦屬對應機構，並已加入國際議會聯盟。全國人大代表約三千人，由各省、直轄市、自治區人代會，及解放軍以間接、差額方選舉產生。全國人大設委員長一人，副委員長若干。

經歷史演變及功能強化，全國人大形成「一院兩層」（大會和常委會）的立法機構模式。此非西方的一院或兩院制，而是新型態代議機關，它也是國家最高層次，最具代表性的民選機構，它的最高任務是對全國各族人民負責。

5.國務院。是中央人民政府，是全代會及其常委會的執行機關，是最高國家行政機關。國務院設總理、副總理等，並由國防部等二十餘部門組成，性質類同西方國家的內閣。尤以共和國憲法第九十二條規定，國務院對全國人代會負責並工作報告，總理對全國人大負責，有一點內閣制的味道，但非內閣制，學者稱「總理負責制」。（註二）

國務院作為最高國家權力機關的執行機關，它的任務是保證全國人大及其常委國制定的憲法、法律和決議在全國範圍內實施、透過中央到地方的組織體系，領導國家一切行政活動，保證國家法令、政令的統一。

6.中央軍事委員會。既是中國共產黨中央軍事委員會，也是中華人民共和國中央軍事委員會，組成人員自然也是一身二任，即「一個班子、兩塊牌子」。中央軍委由主席、副主席、組員組成，是黨和國家的軍事指揮機關，軍委主席對黨中央和全國人大及其常委會負責，統率全國武裝力量。

是故，中央軍委處於國家行政機關之外，國家主席、國務院和國防部都不統率或指揮全國武裝部隊。國務院中的國防部主要職能是：統一管理全國武裝力量的建設工作，如編制、薪給、裝備等。

中央軍委下有「四總」：總參謀部、總政治部、總後勤部、總裝備部；其主要任務，保障作戰和建軍的戰略決策，及各項方針、政策的實現。再者，國防部的工作分別由「四總」辦理，而涉外軍事活動則以國防部名義行之。

7. 中國人民政治協商會議全國委員會（簡稱「政協」）。是由中國共產黨領導，各政黨、人民團體、社會各方代表所組成，是國家政治協商的重要機關。之所以並列於「六大領導班子」，乃在政協和中央政府的歷史淵源（一九四九年第一屆會議開始），它發揮了有效的政治功能，它等於是一個「開國、建國」組織。

政協行委員制，設主席，其任務涵蓋政治協商和民主監督兩方面。值得注意的是，近年來政協的外事活動中，與他國的上院或參議院相對口。更重要者，全國各級政協有三十五萬人之多，無疑的在廣大的人民群眾中，曾加了代表性，廣納各種民意。

8. 最高人民法院。中國的中央司法系統由最高人民法院和最高人民檢察院組成。其院長都由全國人大選舉產生，並對全國人大負責。廣義的「司法機關」，另含公安、國安、司法行政、勞改等機關。

最高人民法院是國家最高審判機關，主要職能是審理全國性重大民刑事案件；其體系分四個審級：中央、省、地區、縣級。另外，軍隊、鐵路有專門法院，在廣州、上海、武漢、青島、天津、大連，有六個海事法院。

9.最高人民檢查院。是國家的法律監督機關，其組織同人民法院也是四級，其主要職責：對全國性重大刑事案件，向最高人民法院提起公訴；對各級人民法院的判決和裁定，有權提出抗訴。依憲法規定，人民法院和人民檢察院，獨立行使審判權和檢察權，與西方三權平行相較，中國的立法權高於司法權。

## 貳、中國式民主政治的政治管理過程

我國與世界各國最大不同，是地大物博人最多，地球上有的東西我國都有，各國沒有的我國亦有。但要治理這樣的大國，讓生活在這裡的眾生過好日子，也是天大的難處。光有前項「國家憲政架構」的硬體設施是不夠的，還要進一步看軟體、看十三億多的「民主」，是如何「集中」於一，這個過程也是天大的複雜，也只能簡述其要綱。（註三）

1.民意那裡來?意見表達過程。

公民個人意見表達有組織化傾向，信訪（一般意見調查）成特有形式，新的途徑（如聽證會）已出現，流動人口的意見受到重視。專業性意見表達個體（如各級人大代表三百六十多萬人、各級政協三十多萬人），成表達主體。

統納全國意見表達團體，有八大民主黨派、中華全國工商聯合會、全國總工會、共青團、全國青聯、全國學聯、全國婦聯、各級地方政府和農民團體等。

結構與功能意見表達團體、如中國文聯、中國科協，社會科學、企業、宗教、華僑、台胞、新聞等，都納入意見表達系統內。

2.民意如何整理？意見綜合過程。中國共產黨的全國代表機構和最高領導機構，是中國最基本的居於主導、統率地位的意見綜合主體。在黨的領導下，意見綜合分三個層次：「基本意見綜合主體」、「次級意見綜合主體」和「輔助或意見綜合主體」（註四）有如人體血管體系，從最遠的末端到核心，形成一個完整的系統，此即「民主集中」之體現。而其政治活動的過程，大致經黨內民主、權威影響、政治協商、會議完成，最後進入執行面的政治動員。

3.決策過程。意見完成綜合整理後，進入立法程序，全國人大及其常委會是國家行使立法權的機關，過程是謹慎、專業、開放的。全國人大的立法和決議，由國務院執行完成，每年一度的全國人大全體會議第一項議程，就是國務院總理做政府工作報告「施政綱領」，這是中國政府的基本決策。

4.決策的施行，施政過程。中國政府的施政過程，是依據中國共產黨和全國人大所定法律與大政方針，在各級黨和政府組織的政治調控之下，經各民主黨派、人民團體等協商、參與；由國務院系統、司法系統和各級人民政府等，具體執行、實現、完成。

黨務、司法、國務院系統均甚為龐大，今僅以國務院各部門與各國比較列表參考如下頁。（註五）

5.統合民意、意見和資訊在系統內進出。現代社會是一個資訊爆炸、民意膨脹和意見多如牛毛的社會，中國亦然。要管理這個大國，使人民有尊嚴的生活在國際社會，領導階層必須精確疏理民意、意見和資訊，統合納入政治系統（Political System），掌控「外環境」、「投入」、「產出」及「反饋」。（註六）始能維持系統穩定發展。

目前中國社會正在轉型成一個現代化社會，現代社會訊息已從傳統的「單通道資訊傳輸體制」，進入「五位一體」（黨政系統、資訊庫、新聞媒介、民間資訊機構、網路），以及非黨政資訊機構已出現。在中國共產黨領導下，中國會進入一個新時代、新境界。

6.中國式民主政治的監督體系。西方國家每質疑中國，謂無在野黨、無監督制衡等，表相看似言之成理，深入分析便成謬論。惟中國式監督亦頗複雜，列表簡化示之：

## 中、美、英、韓政府組成部門比較示意

| 中國（27） | 美國（15） | 英國（17） | 韓國（18+4） |
|---|---|---|---|
| 外交部 | 國務院 | 外交和英聯邦事務部 | 外交通商部 |
| 國防部 | 國防部 | 國防部 | 國防部 |
| 財政部 | 財政部 | 財政部 | 財政經濟部 |
| 農業部、水利部 | 農業部 | 農業部 | 農林部 |
| 環境保護部 | | 環境和農業部 | 環境部 |
| 人力資源和社會保障部 | 勞工部 | 就業和社會保險部 | 中央人事委員會<br>勞動部 |
| 國土資源部 | 能源部 | | |
| 商務部 | 商務部 | 貿工部 | |
| 教育部 | 教育部 | 教育和科學部 | 教育人力資源部 |
| 科學技術部 | | | 科學技術部 |
| 住房和城鄉建設部 | 住房與城市開發部 | | 建設交通部 |
| 交通運輸部、鐵道部 | 交通部 | 交通部 | |
| 工業和信息化部 | | | 情報通信部 |
| 公安部 | 內政部 | 內務部 | |
| 司法部 | 司法部 | 樞密院（法務部） | 法務部 |
| 衛生部 | 衛生與公共服務部 | 衛生部 | 保健福利部 |
| 文化部 | | 文體部 | 文化觀光部 |
| 民政部 | | | 行政自治部 |
| 國家安全部 | | | 國家情報院 |
| 監察部 | | | 監察院 |
| 國家發展和改革委員會<br>國家民族事務委員會<br>國家人口和計畫生育委員會<br>中國人民銀行<br>審計署 | 退伍軍人事務所<br>國土安全部 | 海外發展部<br>威爾士事務部<br>北愛爾蘭事務部<br>蘇格蘭事務部 | 中小企業特別委員會<br>統一部<br>婦女部<br>海洋水產部 |

註：1.平行排列的部委爲擁有對應職責的機構，但是這種對應是大略的。
2.上述資料分別來自不同的文獻或政府網站。在不同的版本中，中文譯名也不盡一致，僅供參考。
3.韓國的政府組成部門中的「18+4」，是指包括十八個部和由總統直轄的「兩委」和「兩院」。

## 中國式民主政治的監督體系

| 三個系統 | 九個主體 | 相應的十二種功能 |
|---|---|---|
| 法律監督 | 1. 各級人大及常委會。<br>2. 各級檢察院。 | 1. 憲法監督。<br>2. 各級人大法律和工作監督。<br>3. 人大預算監督。<br>4. 各級檢察院檢察監督。 |
| 政治和政府監督 | 3. 各級人大與常委會。<br>4. 黨的各級組織。<br>5. 各級政協及常委會。<br>6. 國務院。<br>7. 各級政府的監察審計。 | 5. 人大工作監督。<br>6. 黨系統的監督。<br>7. 政協監督。<br>8. 行政監督。<br>9. 政府審計監督。 |
| 社會監督 | 8. 公民。<br>9. 各種人民團體。 | 10. 普遍性社會監督。<br>11. 社會群體監督。<br>12. 社會與論監督。 |

是不是謬論？就從實踐中去檢驗吧！能否把國家帶向繁榮、強大、統一、尊嚴，能否杜絕貪污腐化？西方那套又如何？也讓各國各族人民自行去檢驗吧！

## 參、中國式民主政治的精神——從國家存在的目的說起

政治學中研究國家存在的目的，各家各派眾說不一，其中之一部最被多數人接受，是「保障人民生命財產安全、保障社會秋序、正義與繁榮、促進福利、文化和和平。」（註七）若然，這些應當也是民主政治（勿論東西方）追求的（理想或價值均可）。而事實上，這些有極高的部份，已包含在第一章西方民主政治的內涵中。

但很弔詭的，極多稱「民主政治」的國家，數十年來只為人民帶來無數戰爭、貧窮、落後、內亂、腐敗……而那些曾被定位「不民主」的，反而為人民帶來安定繁榮以及仍算民主的社會。因此，本文研究「中國式民主政治的精神」，或稱內涵、實質吧！不為名相所迷惑，分四點簡述。

1. 中國國務院發表的「中國式民主政治白皮書」，是重要的指導原則。在中國共產黨領導下，發揮社會主義制度特點，人民當家作主。（切記！「人民當家作主」不是光說光寫的，而是人民感受到的。）只要中國共產黨把中國帶向強大、繁榮、統一、尊嚴、

和平以及人民可以感受到的民主，此便是「中國式民主政治」。

2. 西方民主政治重要內涵（民意、法治、責任、政黨、多數決、民主社會、利益團體、司法審查等），在中國式民主政治中依然有重要價值，惟其規範程度不同。事實上，同是民主政治制度的英美等國，規範也有天差地別，更何況東西文化的不同。

以上諸項內涵，西方所質疑中國者，以政黨政治為最，認為一黨執政是不民主的。惟吾人以為，這是中國式民主政治細微末節之事（第四章論）。

3. 特殊因素和國情不同的考量。同樣的「民主」，英美等皆各不同，這當然是歷史文化和國情原因（下章述）。但就當前階段性考量，余以為主要在中國目前的人口結構和地理關係，中國古來以農立國，現在也還有九億農民（三個美國總人口）。縣，是中國農村基本的區域性政治設置，是農村經濟、政治生活的區域性樞紐，到二〇〇八年時中國有二千零三個縣（未含台灣）。農村若不安定，甚麼政治都別提了，政治安定是民主社會條件之一。在中國歷史上的革命或造反，都因農村不安貧窮引起。

農村以外，省——市——區，都在轉型、變遷中，同樣要在穩定中求發展，在穩定中一步步深化民主，彰顯「中國式民主政治」，是世界各種民主中的另一型典範。

4. 從國家目標檢視。「富國強軍」是現階段中國之國家目標，「二〇〇八年中國的國防」指出，統籌經濟建設和國防建設。堅持經濟建設和國防建設協調發展的方針，統籌國家資源，兼顧富國和強軍，使國防和軍隊發展戰略與國家發展戰略相適應。（註八）

二〇〇八年二月十日，「解放軍報」提到，「實現國家富強，是近代以來中國人民孜孜以求的偉大理想，也是我們建設中國特色社會主義的艱巨歷史任務……富國與強軍緊密聯繫，是發展中國特色社會主義、實現中華民族偉大復興的兩大基石。」（註九）當「兩大基石」堅定頂立，即中國國家目標之達成，即是中華民族復興的實現，中國式民主政治當然是在這架構內，成為另一個民主典範。

當然，這四項並未能充份申論中國式民主政治的精神，或許只是原則或條件。惟余以為，中國式民主政治的內涵、必須與優勢，就在「中國式」之中，下章論述之。

## 註　釋：

註一：朱光磊，中國政府與政治（台北：揚智文化公司，二〇一〇年九月，二版），頁四八。

註二：同註一。

註三：同註一，第二篇。

註四：同註一，第六章。

註五：同註一，頁二五五。

註六：華力進，政治學（台北：經世書局，一九八七年，增訂一版），第二章，系統理論的講解。

註七：曹伯森，政治學（台北：三民書局，一九八二年四月），第二章。

註八：潘進章，「中共富國強軍戰略之研究」，中華戰略學刊，九十八年秋季刊，民國九十八年九月三十日，頁一——三五。

註九：同註八，二三。

# 第四章 中國式民主政治的內涵、優勢與建設

余半生研究東西方政治思想、政治學等，早年可能受到清末到民初學者影響，謂中國歷史上、文化上的民本、仁政，乃至整個九流十家之說，都沒有「民主」要素。換言之，民主這東東乃純是外來的。

又受孫中山思想（余讀遍其全集）影響，中山先生的三民主義雖含富中國文化的精神，但他鍾情於西方民主制度（如兩黨政治、制衡觀念等）；又在台灣受教生活數十年，歷來領導們都說「我們推行的是民主政治」、「民主是台灣最大的本錢」等。其實，台灣高掛「三民主義五權憲法」的牌子，走的純是「美式民主政治」，中山先生的東西老早丟光光！而西方那套兩黨政治，目前並不適用於中國，原因很簡單，中國的國家整合尚未完成。未來若要引用，還要再改良，三十年後再試用。

我不斷研究、反思這些問題，中年後才覺悟，原來中國傳統文化中的仁政、民本是民主政治的核心，中華文化才是民主政治的內涵。至於民主制度要如何設計安排？那只

是一個「骨架」或肉體；內涵、核心，則屬於靈魂、精神或思想上的。中國式民主政治就是要有中華文化內涵的民主政治，失去民本、仁政，只剩資本家和政客的分贓，本章由此出發論述。

## 壹、中華文化內涵的中國式民主政治之必須

中華文化在清末，乃至民國初年，甚至「文革」時，被人當成「垃圾」，欲清除之而後快；而謂西洋科技、制度多好！東洋倭寇多進步等！因而急著要將自己祖宗八代的「寶物」當「垃圾」丟，走所謂「全盤西化」的路。

欸！豈其然歟！那時的中國人「忘了我是誰？」幸好，中華文化又將成為中國人的顯學（可能也是全球的），中國人真的醒了，真的「站起來了」。牟宗三在「中國哲學的特質」第一講說：

> 中國哲學特重「主體性」（Subjectivity）與「內在道德性」（Inner-morality）。中國思想的三大主流，即儒釋道三教，都重主體性，然而只有儒思想這主流中

**的主流，把主體性復加以特殊的規定，而成為「內在道德性」，即成為道德的主體性。西方哲學剛剛相反，不重主體性，而重客體性。（註一）**

自上世紀下半葉以來，兩岸研究中西文化差異的著作頗多，可能是中國人「漸漸的」醒來了。哲學是一個民族的文化經千百年之精煉而成，是文化中的核心文化。東西方文化、哲學之思維，竟是完全相反、相背的，試想「全盤西化」那能行的通？「西方或美式民主政治」那能全套搬來中國用？

所謂「民主政治」一者是人家的東西，再者是強權侵略的「化裝品」（再用人權包裝起來）。而很多人（如法輪功和很多留美派的），說要全搬來用，真是腦袋不清醒。幸好！絕大多數的中國人清醒了，我們要「中國式民主政治」（中國式社會主義），這是「必須」的，隨便拿一雙西方帥哥的「鞋」，就要往自己腳上「套」，怎麼穿？真的是被人家「套」住了，又要被人牽著鼻子走！

說來有一件頗為「奇怪」或驚訝的事，在全世界各大國的「總理級」人物（英稱首相、德法總理、美國務卿），不知有多少？竟然只有中國總理溫家寶被封為「人民總理」，此非中國官方所封，而是西方媒體（台灣傳媒和民間也有如是感受）封的。（註二）他幾乎得到海內外含台灣在內的所有中國人的肯定、敬重。

這就是仁政和民本思想的體現，也只有能內化中國式民主政治的領導人物才有的形像。溫家寶二〇〇三年接任總理時說，「在我當選後，心裡總默念著林則徐的兩句詩，『苟利國家生死以，豈因禍福避趨之』，這就是我今後工作的態度。二〇〇八年四川大地震時，他的表現更是感動了全世界的人。

事實上，中國領導人從鄧小平改革開放以來，江澤民、朱鎔基到胡錦濤主席、溫家寶總理，算得上是「仁君」的形像，有崇高的人格，廣受人民尊敬；更絕不可能像西方許多大國元首，幾乎無不八卦醜聞、外遇、任內離婚、搞性遊戲、貪污，乃至民意支持度掉到四成三成或更低。此等之事，在現在中國共產黨所領時的中國政壇，身為最高領導階層（國家主席、國務總理等），是絕不可能發生那種腐敗惰落之情事。

中國人普遍希望領導階層都是仁民愛物，都是清廉的君子，尤其元首、總理級的，必須是一個「仁君」，否則絕不能凝聚眾多不同民族形成共同的國家意識；但若中國現在推行西方的兩黨制（政黨政治），情況可能改觀，為鬥爭、抹黑，為打倒對手，可能為中國社會帶

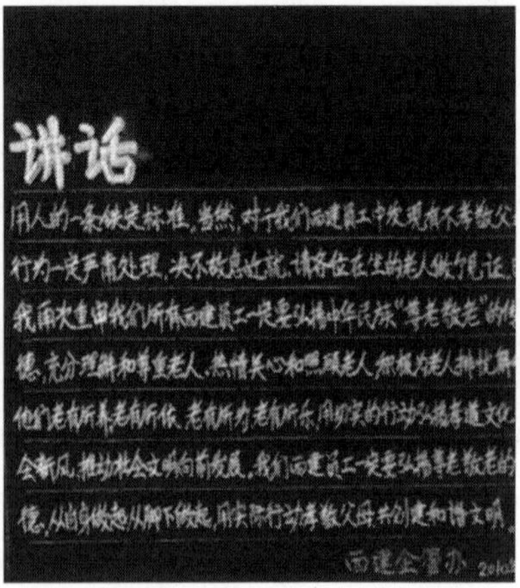

來更多大災難，乃至製造更多分裂（後述）。

在中國社會，不僅人民期待統治階層都要有「仁者」的形像，就是對營利謀生的「商人」，也責之必以「仁義、信用」為守則，中國歷史上有名的「晉商」、「徽商」、「溫商」等，都有儒者之風，稱之「儒商」，完全不同於西方的商人、資本家之流。說到此，我舉一例證，二〇一〇年十月間，我到山西芮城考察，發現芮城的西建企業集團，就是以我國傳統倫理道德為他們的「企業文化」，董事長劉智強先生「在九九重陽孝文化節上的講話」，高掛在總公司及各處的公佈欄（如附照）；我深入了解，芮城的西建集團，真是不同於西方的「中國儒商」，是中國人的企業典範。

是故，由中國共產黨所領導，推行以中華文化為內涵的「中國式民主政治」，居於歷史文化和現階段環境考量，是必須的。不論現在或未來，西方民主政治絕不

能照搬來中國社會使用。

## 貳、中國式民主政治的優勢和優質

一本研究中國崛起的著作正在世界各地走紅，Martin Jacgues 研究崛起的中國的八大特徵，將影響未來的世界。（註三）

1. 中國並非真正的民族國家，而是一個文明國家。
2. 中國越來越可能根據朝貢國體系而非民族國家體系，來認知中國與東亞的關係。
3. 中國對民族和種族有不同之處。
4. 相對其他民族國家，中國運行在一張與洲一般大小且相當不同的畫布上。
5. 中國政體的本質具有高度的特殊性，政府能力可能優於世界任何其他政府。
6. 中國的現代性如同其他東亞的現代性，可由國家轉型的速度來做區分。
7. 共黨統治以來，已經成功讓中國重新與自身歷史、儒家主義和帝國的強盛時期相連結。

8.在未來的數十年，中國仍將同時具有開發中和已開發國家的特徵。

以上八點是對崛起的中國的總結，其基本觀點，是中國的現代性明顯不同於西方。雖不能說已能代表東西方各界的看法，至少是很普遍的認定，並未直接道出是「中國式民主政治的優質」，至少是當代中國政治大環境的優勢。同時這八點也充份說，「中國民主政治」不同於西方，西方價值也不能套用於中國人頭上。

該書也指出，中國興起重新塑造「現代」意涵與模式，世人不要期待中國會向西方模式靠攏；中國文化的優越性正在恢復，中國文化的力量將再度成為帶動世界秩序重組。中國人合理的秩序是一個和而不同、尊卑有序、大事小以仁、小事大以智，基本上是「仁本、民本」的世界體系。這已間接指出，中國式民主政治制度是當代中國的「現代模式」，先天（文化上）的優勢和優質都已然形成了。

該書作者賈克（Martin Jacgues）、英國史學家霍布斯邦（Eric Hobsbawm）、史丹佛大學國際關係學者克理斯納（Stophen Krasner）更坦承，十八世紀以來西方建構的主權國家，本質上是「用組織堆砌的虛偽」（Organized Hypocrisy），虛偽的平等掩飾了強凌弱與霸權侵略的真相，讓強者追求自我利益極大化的合理化。（註四）

當然，若把範圍縮小到中國現狀，又有何優勢？趨勢大師約翰奈思比在新著「中國

大趨勢」指示：（註五）

1.長期的策略可以貫徹，不受民主選舉的中斷和干擾。

2.沒有政治對抗，社會人群不被撕裂。

3.舉國目標一致，自上而下的政策，受到自下而上的支持與參與。

這種「自上而下的政策，受到自下而上的支持參與」、「社會人群不被撕裂」，只要看第三章中國這部「超大機器」怎樣運轉?便能略知梗概。例如，各級人大成員有約三百五十萬人、各級政協約三十五萬人，這表示從中央到地方（中央↓↑省↓↑縣市區↓↑鄉鎮村），有廣大、普遍的代表性，深得民心民意，支持參與度高，這是中國式民主政治的優質。

當然，像這樣的「和諧社會」，要從西方民主政治那種兩黨或多黨鬥爭、抹黑的操盤，無異是一種神話；但從中國式民主政治來安排，雖不見得到達「理想國」，至少也是和諧社會，而不是鬥爭社會。

二〇一〇年十一月十七日，台灣的文化、教育和宗教界人士在台北舉行「社會道德價值觀之因應與重建」，有四位大師對談，他們是許倬雲、劉兆玄、楊朝祥和覺培法師。會議共同聲明，西方文化和基督教、資本主義精神遇瓶頸，極需中國文化重建新價值觀。尤以基督精神和資本主義採取「己所欲必施於人」，如將「美式民主」推向全球，引起文化衝突和經濟侵略。（註六）看來廿一世紀，西方民主政治會成為西方終結者，解藥在東方的中國。

中國式民主政治的另一個優勢和優質，是目前建構的這套國家政治制度（見前章）。舉國家元首為例，胡錦濤雖是國家主席，但權力並未集中在他一人身上，而是「集體國家元首制」（前章說明），如此即不獨裁、專制，也較不會犯錯。相較於西方，內閣制（如英）大權集首相一人，總統制（如美）大權集總統一人，其犯錯機會大增。

由此觀之，西方民主政治才是獨裁、專制。最有名的史例，如美國林肯的「七票反對、他一票才算數」；以及小布希發動伊拉克戰爭，都是極少數意見形成一人獨裁，制造了無數災難、事後誰都不負責，民主政治不是說「責任政治」嗎？

## 參、加緊建設「中國式民主政治」

中國式民主政治雖二〇〇五年才由國務院公告，但其淵源應在「中國特色的社會主義」，或叫「中國式社會主義」。

一九七九年三月，鄧小平在「理論工作務實會」首次提出要「走出一條中國式的現代化道路」，他說：「現在搞建設也要適合中國情況，走出一條中國式的現代化道路。」（註七）至一九八二年九月，「十二大」的決議就是「建設有中國特色的社會主義，這就是我們總結長期歷史經驗得出的基本結論。」（註八）

「中國式社會主義」當然成為國家整體性、全方位的指導要綱，在政治上則強調「高度民主的社會主義強國」。（註九）此後數十年在政治建設上有許多改革，不及詳述。

二〇一〇年中共修改「選舉法」，落實中式民主的基礎工程。三月八日，中共人大副委員長王兆國在十一屆三次大會，報告這項修正案，打破農村與城市每名人大、代表人口四：一比例，落實「人人平等、地區平等、民族平等」。此不僅對農村九億農民有非凡意義，亦是民主的一大步。（註十）使城鄉按相同人口比例選舉人大代表，正是中國式民主政治「代議政治」的試金石；尤以針對人口少的民族要有一名代表，體現了民族平等。

二〇〇九年胡錦濤主席在聯合國六十四屆一般辯論，以「全面推進政治建設」為題發表演說。這表示，中國式民主政治制度正在大力推進中。

二〇一〇年九月二十三日，溫家寶總理在聯大一般辯論，以「認識一個真實的中國」為題演講，提出中國政治和經濟改革五大方針。（註十一）

1. 將繼續集中精力發展經濟。
2. 繼續深化體制改革。
3. 繼續擴大對外開放。
4. 發展科技教育。
5. 弘揚優秀中華文化。

溫家寶總理在該會中也強調中國領土完整的絕不妥協，中國不走「國強必霸」的路子。「中國發展，世界機遇；中國好了，世界得利。歷史將會進一步證明這一點。」溫總理也提到，中國的戰略目標是到本世紀中葉基本實現現代化。

中國著名政治學者、中央編譯局副局長俞可平研究指出，中國將建構以民主、法治為特點的「善政體制」，趨向「善治」的五大方針是：法治政府、責任政府、服務政府、透明政府和廉潔政府。（註十二）相信這是中國式民主政治的另一種論述，另一種內涵。

## 肆、中國式民主政治建設過程中的變數因素整合

政治安定、社會繁榮、人民安康是民主發展重要條件和環境，捨此談民主根本是空

話。世界上可以舉出幾十個國家，數十年處於貧窮、動亂，而政客仍告訴人民說「這是民主政治」。真是XXX（台灣三字經）！

當我寫本文時，二〇一一年二月十三日，報載埃及總統穆巴拉克被百萬群眾拉不台，這是革命或造反？英美媒體稱這是「民主政治」。真是XXX（不得不又念台灣三字經）！民主政治是這樣幹的嗎？還有民主政治能叫穆巴拉克幹三十年嗎？埃及並無國家分裂，也沒有長達三十年的「非常時期」！是美國操控三十年的結果。

不論任何國家，要把民主搞好，一定要有前三者基本條件，中國也是。是故，中國在崛起的眼前二十年（約二〇三〇年前），欲建設「中國式民主政治」必須掌控各種可能的變數，有效整合處理。變數（影響國家安全、社會安定事件等），可能來自任何地方、任何時間，可能從天上掉下來！但我只舉「台獨」一事略說。

「台獨」說是問題也非問題，說複雜也算單純；說不是問題也是個問題，說簡單也不簡單，我從兩個面向說：

說不是問題：因為百年、千年也不可能實現，中國處於最弱（清末）時，列強都不支持，何況中國崛起！一個永遠不可能成「真」的事，怎是問題？？

說是問題：兩岸分裂半個多世紀是事實，中國至今未統一是事實：中華民國「獨」

在島上也是事實，要「打烊」也要給個好理由吧！

按二〇〇二年十一月，中共十六屆大會提出，廿一世紀頭二十年的三大任務」，其一是「完成祖國統一」，現在只剩九年了。有甚麼辦法可以讓含我在內的所有中國人，活著看到國家統一，九泉之下也感安慰，為甚麼陸放翁（陸游）生前寫下「王師北定中原日，家祭毋忘告乃翁」！有何可告慰億萬個「乃翁」？

二〇〇九年八月三十一日，聯電董事長曹興誠先生在中華戰略學會演講，題目：「論兩岸和平共處法的迫切性」，內容深值參考，舉其要綱：（註十三）

㈠兩岸和平共處法要點：

1. 台灣（中華民國）是主權獨立國家，但不排斥與大陸統一。
2. 統一須以和平方式為之。
3. 統一公投應於大陸提出此要求後方予辦理。

㈡制定兩岸和平共處法具體做法

1. 確定台灣不會舉辦獨立公投。
2. 宣佈中華民國不排斥與大陸統一。

3. 台灣不主動舉辦統一公投。

4. 統一公投前，大陸應將其「高度自治」具體實施內容，派員來台說明。

5. 統一公投通過，兩岸即可統一。

6. 統一公投未通過，可另擇時機再次舉辦，次數不限，惟兩次公投時隔不應少於十年。

㈢兩岸和平共處法

1. 和平共處法是國內法，而非國際法，不牽涉與大陸簽約的問題。

2. 和平共處法並非立即舉辦統一公投。

曹興誠該次演講，尚提到真、假台獨論述，台灣推行民主政治的問題。（按：余以為台灣走的是西方民主政治，基本上不合中國用，只有製造內部分裂、再分裂。）

曹先生的「兩岸和平共處法」，最值肯定的是他積極推動國家統一，深值敬重的一位企業家。但論述中也出現「方法論上的致命傷」，即「大陸主動提出統一公投」，是不合方法論的「假設」前提，該項假設是不能成立的。舉一實例，「假設世上有鬼，請求證。」因古往今來從未能在經驗法則中證明有鬼，故不能求證，假設亦不能成立。曹先生就是犯了假設不成立的錯，因為中國永遠不會說：「你們辦公投，通過就獨立。」不可能的事不能拿來當「假設」；再者，假設必能求證，證明為是、為非都可以。一件不能證明為是，又不能證明為非，如何當假設？

這個假設又涉及另一種相關問題，兩岸關係如父母子女，故吾人常稱大陸「祖國」。假設兒女投票通過「脫離父子關係」，若都贊成通過，試問：父子關係脫離沒？當然沒有，因為是不成立的假設。

我雖在方法論上推翻了曹先生的假設，但他的精神深值我們學習。竟畢，完成國家、民族的統一，是這一代所有中國人的神聖使命。

**註 釋：**

註一：牟宗三，中國哲學的特質（台北：台灣學生書局，民國七十九年十月，再版），頁八。

註二：中國時報，二〇一〇年三月十五日。

註三：Martin Jacgues, When China Rules the Warld: The Rise of the Middle Kingdom and the End of the Western World. 李隆生、張逸安譯，當中國統治世界（台北：聯經出版

公司，二〇一〇年六月），結語，頁四七九—四九二。

註四：同註三，頁一四—一五。

註五：張作錦，「要大陸學台灣的言論自由?」，人間福報，二〇一〇年二月四日。

註六：人間福報，二〇一〇年十一月十八日。

註七：鄧小平文選（北京：人民出版社，一九八三年七月），頁一四九。

註八：鄧小平，「十二大開幕詞」，同註七，頁三七二。

註九：胡耀邦，「全面開展社會主義現代化建設的新局面」，北京，人民日報，一九八二年九月二日。

註十：中國時報，二〇一〇年三月九日。

註十一：人間福報，二〇一〇年九月二十五日。

註十二：聯合報，二〇一〇年十月十四日，A十五版。

註十三：中華戰略會訊、第一二〇期（99年12月31日），頁一—八。

# 結論

在地球上住著許多不同的民族，發展出各種多樣文明，各種文明的族群有其不同的民主思維。例如伊斯蘭世界，必然不同英美基督文明，尊重不同文明文化的生活方式，才是「真民主」。如今，竟要把「美式民主」推到全球，這是霸權，絕非民主。

在國際上，我很敬佩新加坡這個小國，他們的領導人李光耀很早就不理會西方那套民主政治，他們自己建設「新加坡式民主政治」。現在成了經濟、文化大國，人均GDP高達三萬五千美元，而一九六五年他們是被馬來西亞「趕出家門」的，可敬！

廿一世紀的中國，做為在新世紀有能力領導世界，乃至挽救西方資本主義和基督教文明給人類帶來巨大災難，挽救人類文明的強大國家，怎能沒有一套「中國式民主政治」？

「當中國統治世界」的作者賈克說的好，崛起和強大後的中國是文化的中國，是以中國人為主體的生活方式建立聯繫起來的中國。這不但包含經濟，也包含中國人的政治、宗教、文學、思想、甚至軍事觀。中國崛起的結果，將不是中國越來越像西方，而可能是世界越來越像中國。（註一）看來西方的沒落，西方的終結，是被自己產出的資本主義和基督教思想「終結」了。這也就難怪，許多西方思想家和賈克有同樣看法，謂「基督思想和資本主義是西方文化的終結者」，中國怎能走上西方那條「死路」！

話雖這麼說，但中國共產黨以「天命」之姿領導中國走上強國之路，建設「中國式民主政治」，人民的「感覺」又如何？無從進行普遍調查，惟下圖可供參考。（註二）

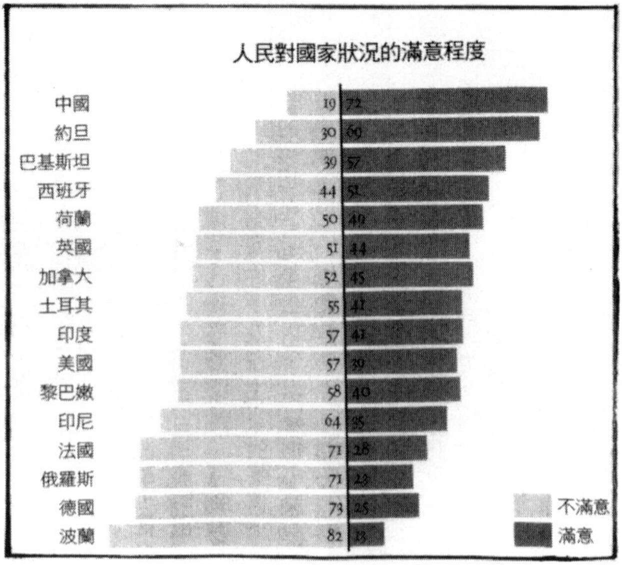


「民主」必然是人民自己走出來的路，怎麼個「走」法？不外所謂直接民主和間接民主，所謂「直接、間接」又有層次的差別。

不論美式總統制、英式內閣制或德式內閣制，或法式雙首長制，只要人民覺得是真的民主，便能得到人民的支持。

中國式民主政治也一樣，必須得到「絕對多數」人民的支持，至少「滿意度」要很高，「不滿意」愈低愈好（如圖）。只要中國式民主政治以中華文化為核心內涵，建立「仁政、民本」思維的政府，「中國式民主政治」是世界的新典範。

**註釋：**

註一：同第四章，註三，頁十七。

註二：同註一，頁二六九。

# 關於本書參考書目（基本讀物不列）


Martin Jacgues, 李隆生、張逸安譯，「當中國統治世界」。台北：二〇一〇年六月。

大前研一著，劉錦秀譯，低ＩＱ時代。台北：商周出版，二〇〇九年十二月二十九日。

朱光磊，中國政府與政治。台北：揚智文化出版，二〇一〇年九月，第二版。

胡祖慶，比較政府與政治。台北：五南圖書出版公司，二〇一〇年十月，第五版。

岳天著編，現代國防戰略。台北：中華戰略學會，民國九十年十二月一日。

李國雄，比較政府。台北：中華電視公司，民國八十九年二月。

張金鑑，西洋政治思想史。台北：三民書局，七十三年九月，第四版。

薩孟武，西洋政治思想史。台北：三民書局，六十七年六月。

曹伯森，政治學。台北：三民書局，民國七十一年四月，第九版。

華力進，政治學。台北：經世書局，民國七十六年十月，增訂一版。

蕭公權，中國政治思想史（上下）。台北：中國文化大學出版部，民國七十四年七月，新三版。
馬起華，政治學原理（上下）。台北：大中國圖書公司，七十四年五月。
高希均，經濟學的世界（上下）。台北：天下文化出版，一九九一年元月三十一日。
其他報紙、雜誌略（同文內註釋）。

# 陳福成生命歷程與創作年表（只記整部出版著作）

**民國四十一年（一九五二）一歲**

△元月十六日，生於台中縣大肚鄉，陳家。

**民國四十八年（一九五九）八歲**

△九月，進台中縣大肚國民小學一年級。

**民國四十九年（一九六〇）九歲**

△夏，轉台中市太平國民小學一年級。

**民國五十年（一九六一）十歲**

△春，轉台中縣大雅國民小學六張犁分校二年級。

年底搬家到沙鹿鎮，住美仁里四平街。

**民國五十一年（一九六二）十一歲**

△轉台中縣新社鄉大南國民小學三年級（月不詳）。

**民國五十四年（一九六五）十四歲**

△六月，大南國民小學畢業。

△九月，讀東勢工業職學學校初中部土木科一年級。

△是年，開始在校刊《東工青年》發表作品。

**民國五十七年（一九六八）十七歲**

△六月，東工第一名畢業，獲縣長王子癸獎。

△八月三十一日，進陸軍官校預備班十三期。持續在校刊發表作品，散文、雜記等小品較多。

**民國五十九年（一九七〇）十九歲**

△春，大妹出車禍，痛苦萬分，好友王力群、鍾聖錫、劉建民、虞義輝等鼓勵下接受基督洗禮。

**民六〇年（一九七一）二十歲**

△六月，預備班十三期畢業。

△七月，同好友劉建民走橫貫公路（另一好友虞義輝因臨時父親生病取消）。

△八月，升陸軍官校正期班四十四期。

△年底，萌生「不想幹」企圖，四個死黨經多次會商，一直到二年級，未果，繼續

讀下去。

**民六十四年（一九七五）二十四歲**

△四月五日，蔣公逝世，全連同學宣誓留營以示效忠，僅我和同學史同鵬堅持不留營。（多年後國防部稱聲那些留營都不算）

△五月十一日（母親節），我和劉、虞三人，在屏東新新旅社訂「長青盟約」。

△六月，陸軍官校四十四期畢業。

△七月，到政治作戰學校參加「反共復國教育」。

△九月十九日，乘「二二九」登陸艇到金門報到，任金防部砲指部斗門砲兵連中尉連附。

**民國六十五年（一九七六）二十五歲**

△醉生夢死在金門度過，或寫作打發時間，計畫著如何可以「下去」（當老百姓去），考慮「戰地」軍法的可怕，決定等回台灣再看情況！

**民國六十六年（一九七七）二十六歲**

△春，輪調回台灣，在六軍團砲兵六〇〇群當副連長。駐地桃園更寮腳。

△五月，決心不想幹了，利用部隊演習一走了之，當時不知道是否逃亡？發生「逃官事件」，險遭軍法審判。

△九月一日，晉升上尉，調任一九三師七七二營營部連連長，不久再調任砲連連長，駐地中壢。

△十一月十九日，「中壢事件」，情勢緊張，全連官兵在雙連坡戰備待命。

**民國六十七年（一九七八）二十七歲**

△七月，全師換防到馬祖，我帶一個砲兵連弟兄駐在最前線高登（一個沒水沒電的小島），島指揮官是趙繩武中校。

△十二月十五日，美國宣佈和中共建交，全島全面備戰，已有迎戰及與島共存亡的心理準備，並與官兵以「島在人在，島失人亡」共盟誓勉。

**民國六十八年（一九七九）二十八歲**

△十一月，仍任高登砲兵連連長。

下旬返台休假並與潘玉鳳小姐訂婚。

**民國六十九年（一九八〇）二十九歲**

△七月，換防回台，駐地仍在中壢雙連坡。

△十一月，卸連長與潘玉鳳結婚。

**民國七〇年（一九八一）三十歲**

△三月，晉升少校（一九三師）

△七月，砲校正規班結訓。

△八月，轉監察，任一九三師五七七旅監察官。（時一九三師衛戍台北，師長李建中將軍）。

**民國七十一年（一九八二）三十一歲**

△三月，仍任一九三師五七七旅監察官。駐地在新竹北埔。

△現代詩「高登之歌」獲陸軍文藝金獅獎。當時在第一士校的蘇進強上尉，以「青青子衿」拿小說金獅獎。很可惜後來走上台獨路，不知可還有臉見黃埔同學否？

△長子牧宏出生。

△年底，全師（193）換防到馬祖北竿。

**民國七十二年（一九八三）三十二歲**

△六月，調任一九三師政三科監察官（馬祖北竿，師長丁之發將軍）

△十二月，調陸軍六軍團九一兵工群監察官。

**民國七十三年（一九八四）三十三歲**

△十一月，仍任監察官。

△父喪。

**民國七十四年（一九八五）三十四歲**

△四月，長女佳青出生。
△六月，〈花蓮十日記〉（台灣日報連載）。
△八月，調金防部政三組監察官佔中校缺，專管工程、採購。（司令官宋心濂上將）
△九月，「部隊管教與管理」獲國防部第十二屆軍事著作金像獎。
△今年，翻譯愛倫坡（Edgar Allan）恐怖推理小說九篇，並在偵探雜誌連載，多年後才正式出版。

**民國七十五年（一九八六）三十五歲**

△元旦，在金防部監察官晉任升中校，時金防部司令官趙萬富上將。
△六月，考入政治作戰學校政治研究所第十九期三研組。（所主任孫正豐教授、校長曹思齊中將）
△八月一日，到政治作戰學校研究所報到。

**民國七十六年（一九八七）三十六歲**

△元月，獲忠勤勳章乙座。
△春，「蔣公憲政思想研究」獲國民黨文工會學術論文獎。
△九月，參加「中國人權協會」講習，杭立武當時任理事長。
△今年，翻譯愛倫坡小說五篇，並在偵探雜誌連載，多年後才正式出版。

**民國七十七年（一九八八）三十七歲**

△六月，政研所畢業，碩士論文「中國近代政治結社之研究」。到八軍團四三砲指部當情報官。

△八月，接任第八團四三砲指部六〇八營營長，營部在高雄大樹，準備到田中進基地。（司令是王文燮中將、指揮官是涂安都將軍）

**民國七十八年（一九八九）三十八歲**

△四月，輪調小金門接砲兵六三八營營長。（大砲營）（砲指部指揮官戴郁青將軍）

△六月四日，「天安門事件」前線情勢緊張，前後全面戰備很長一段時間。

**民國七十九年（一九九〇）三十九歲**

△七月一日，卸六三八營營長，接金防部砲指部第三科作戰訓練官。

△八月一日，伊拉克入侵科威特，海峽情勢又緊張，金門全面戰備。

**民國八〇年（一九九一）四〇歲**

△元月、二月，波灣戰爭，金門仍全面戰備。

△三月底，輪調回台南砲兵學校任戰術組教官。（指揮官周正之中將）（以後的軍職都在台灣本島，我軍旅生涯共五次外島，金門三，馬祖二。）

**民國八十一年（一九九二）四十一歲**

△三月，參加陸軍協同四十五號演習。
△六月，考入三軍大學陸軍指參學院。（校長葉昌桐上將、院長王繩果中將）
△七月四日，到大直三軍大學報到。

## 民國八十二年（一九九三）四十二歲

△六月十九日，三軍大學畢業，接任花東防衛司令部砲指部中校副指揮官，時中校十一級。（指揮官是同學路復國上校，司令官是畢丹中將）
△九月，我們相處的很好，後來我離職時，同學指揮官送我一個匾，上書「運籌帷幄，決勝千里」。可惜實際上沒有機會發揮，只能在紙上談兵，在筆下論戰，幾年後路同學升少將不久也退伍了。調原單位司令部第三處副處長。
△這年經好同學高立興的努力，本有機會調聯訓部站一個上校缺，卻因被一個姓「朝鮮半島」的同學「穿小鞋」，功敗未成，只好持續在花蓮過著如同無間地獄的苦日子。

## 民國八十三（一九九四）四十三歲

△二月，考取軍訓教官，在復興崗受訓。（教官班四十八期）
△四月，到台灣大學報到，任中校教官。當時一起來報到的教官尚有唐瑞和、王潤身、劉亦哲、吳曉慧共五人。總教官是韓懷豫將軍。

△四月，老三佳莉出生。她的出生是為伴我中老年的寂寞，從她出生到小三，洗澡換尿片三更半夜喝奶，全我包辦，三個孩子只有她和我親近。

△七月，母喪。

△十一月，在台大軍官團提報「一九九五閏八月的台海情勢」廣受好評。

**民國八十四年（一九九五）四十四歲**

△六月，「閏八月」效應全台「發燒」。

△《決戰閏八月——中共武力犯台研究》一書出版（台北：金台灣出版社）。本書出版後不久，北京《軍事文摘》（總第59期），以我軍裝照為封面人物，大標題以「台灣軍魂陳福成之謎」，在內文介紹我的背景。

△七月，開始編寫各級學校軍訓課程「國家安全」教材。

△十二月，《防衛大台灣——台海安全與三軍戰略大佈局》一書出版：（台北：金台灣出版社）

**民國八十五年（一九九六）四十五歲**

△元月，為撰寫軍訓課本「國家安全」，本月十一日偕台大少校教官陳梅燕拜訪戰略家鈕先鍾先生，主題就是「國家安全」。（訪問內容後來發表在「陸軍學術月刊第375、439期」

△三月，擔任政治大學民族系所講座。（應民族系系主任林修澈教授聘請）。

△《孫子實戰經驗研究》一書，獲中華文化總會學術著作總統獎，獎金五萬元。

△《國家安全》幼獅版，納入全國各級高中、職、專科、大學軍訓教學。

△四月，考上國泰人壽保險人員證。

△九月，佔台灣大學上校主任教官缺。

△榮獲全國軍訓教官論文優等首獎，《決戰閏八月》。

**民國八十六年（一九九七）四十六歲**

△元旦，晉升上校，任台大夜間部主任教官。

△七月，開始在復興廣播電台「雙向道」節目每週一講「國內外政情與國家安全」（鍾寧主持）。

△八月，《國家安全概論》（台灣大學自印自用，不對外發行。）

△十二月，《非常傳銷學》出版。

**民國八十七年（一九九八）四十七歲**

△是年，仍在復興電台「雙向道節目」。

△五月，在台大學生活動中心演講「部落主義及國家整合、國家安全之關係」。

△十月十七日，籌備召開「第一屆中華民國國防教育學術研討會」（凱悅飯店，本

會在淡江大學戰略所所長翁明賢教授指導下順利完成，工作夥伴除我之外，尚有輔仁大學楊正平、文化大學李景素、淡江大學廖德智、中央大學劉家楨、東吳大學陳全、中興法商鄭鴻儒、華梵大學谷祖盛（以上教官）、淡江大學施正權教授。）我在本會提報論文「論國家競爭優勢與國家安全」（評論人：台灣大學政治系助理教授楊永明博士），本論文為銓敘部公務人員學術論文獎，後收錄在拙著《國家安全與情治機關的弔詭》一書。

△七月，出版《國家安全與情治機關的弔詭》（台北：幼獅出版公司）。

**民國八十八年（一九九九）四十八歲**

△二月，從台灣大學主任教官退休，結束三十一年軍旅生涯。

「化敵為我，以謀止戰」（小說三十六計釜底抽薪導讀，與實學社總編輯黃驗先生對談。）；考上南山人壽保險人員證。

△四月，應國安會虞義輝將軍之邀請，擔任國家安全會議助理研究員。（時間約一年多，每月針對兩岸關係的理論和實務等，提出一篇研究報告（論文）。

**民國八十九年（二〇〇〇）四十九歲**

△三月，《國家安全與戰略關係》出版（台北：時英出版社）。

△四、五、六月，任元培科學技術學院進修推廣部代主任。

△六月一日，在高雄市中山高中講「兩岸關係及未來發展——兼評新政府的國家安全構想」（高雄市軍訓室軍官團）

△十一月，與台灣大學登山會到石鹿大山賞楓。

△十二月，與台灣大學登山會到司馬庫斯神木群。

**民國九〇年（二〇〇一）五十歲**

△五月四到六日，偕妻及一群朋友登玉山主峰。

△六月十六、十七日，參加陸軍官校建校七十七週年校慶並到墾丁參加44期同學會。

△十月六日，與台大登山隊到睏牛山。

△十二月，《解開兩岸十大弔詭》出版（台北：黎明出版社）。

△十二月八到九日，登鎮西堡、李棟山。

△十二月二二到二三日，與台大登山隊走霞克羅古道。

**民國九十一年（二〇〇二）五十一歲**

△去年至今，我聽到三位軍校同學過逝，甚有感慨，我期至今才約五十歲。想到學生時代很要好的同學，畢業已數十年，怎都「老死不相往來」，我決定試試，召集住台大附近（半小時車程），竟有七人（含我）來會，解定國、高立興、陳鏡培、童榮南、袁國台、林鐵基。這個聚會一直持續下去，後來我定名「台大周邊

地區陸官44期微型同學會」（後均簡稱「44同學會」第幾次等。

△二月，《找尋一座山》現代詩集出版，台北，慧明出版社。

△二月十二到十四日，到小烏來過春節，並參訪赫威神木群。

△二月二三到二四日，與台大登山會到花蓮兆豐農場，沿途參拜大理仙公廟。

△四月七日，與山虎隊登夫婦山。

△四月十五日，在范揚松先生的公司第一次見到吳明興先生（當代兩岸重要詩人、作家），二十多年前我們曾一起在「腳印」詩刊發表詩作，未曾謀面。

△四月二十一日，與台大隊登大桐山。

△四月三十日，在台大鹿鳴堂辦第二次44同學會：我、解定國、袁國台、高立興、周念台、林鐵基、童榮南。

△五月三到五日，與台大隊登三叉山、向陽山、嘉明湖。（回來後在台大山訊發表紀行一篇）。

△六月二一到二三日，與苗栗三叉河登山隊上玉山主峰（我的第二次）。

△七月第一週，在政治大學參加「社會科學研究方法」研習營。（主任委員林碧炤）。

△七月十八到二一日，與台大登山會登雪山主峰、東峰、翠池。在「台大山訊」發表「雪山盟」長詩。

△八月二十日，與台大登山會會長張靜二教授及一行十餘人，勘察大溪打鐵寮古道、草嶺山，並到故總統經國先生靈前致敬。

△八月二九到九月一日，與山友十餘人登干卓萬山、牧山、卓社大山。（因氣候惡劣只到第一水源處紮營，三十一日晨撤退下山。）

△九月，《大陸政策與兩岸關係》出版（黎明出版社，九十一年九月）。

△九月二十四日，在台大鹿鳴堂辦第三次44同學會：我、高立興、童榮南、林鐵基、周念台、解定國、周立勇、周禮鶴。

△十月十八到二十日，隨台大登山隊登大霸尖山（大、小霸、伊澤山、加利山），在「台大山訊」發表「聖山傳奇錄」。

△十一月十六日，與台大登山隊登波露山（新店）。

## 民國九十二年（二〇〇三）五十二歲

△元月八日，第四次44同學會（在台大鹿鳴堂），到有：我、周禮鶴、高立興、解定國、袁國台、林鐵基、周立勇。

△元月八日，在台灣大學第一會議室演講「兩岸關係發展與變局」，併發表四本年度新書。（台大教授聯誼會主辦），除《解開兩岸十大弔詭》和《大陸政策與兩岸關係》兩書外尚有：《找尋一座山》（現代詩集，慧明出版）、《愛倫坡恐怖

小說選》。

△二月二十八日，應佛光人文社會學院董事會秘書林利國邀請，在宜蘭靈山寺向輔導義工演講「生命教育與四Q」。

△三月十五、十六日，與妻參加台大登山隊「榛山行」（在雪霸）。

△三月十八日，與曾復生博士在復興電台對談兩岸關係發展。

△三月十九日，到非政府組織（NGO）會館，參加「全球戰略新框架下的兩岸關係研討會」，由「歐洲文教基金會與黨外圓桌論壇」主辦。席間首次與前民進黨主席許信良先生閒談。晚間餐會與前立法委員朱高正先生和台大哲學系教授王曉波夫婦同桌，我和他們都是素昧平生。但兩杯酒一喝，大家就開始高談近代史事，朱委員酒量很好，可能有「千杯不醉」的境界。名片上印有「周易」文言：「夫大人者。與天地合其德。與日月合其明。與四時合其序。與鬼神合其吉凶。先天而天弗違。後天而奉天時。天且弗違。而況予人乎。況于鬼神乎。」，其境界更高。

△三月二十日，叢林一隻不長眼的「肥羊」闖進頂層掠食者的地盤，性命恐將不保；美伊大戰開打，海珊可能支持不了幾天。

△三月二十六日到三十日，隨長庚醫護人員及內弟到大陸，遊西湖、黃山。果然「上有天堂下有蘇杭」、「黃山歸來不看山」，我第一次出國竟是回國。歸程時SARS

開始流行，全球恐慌。

△四月三日到六日，同台大登山隊登雪白山，氣候不佳，前三天下雨。第一天宿司馬庫斯，第二天晨七時起程，沿途林相原始，許多千年神木，下午六時雪白山攻頂，晚上在山下紮營，第三天八點出發，神木如林，很多一葉蘭，下午過鴛鴦湖，五點到棲蘭。第四天參觀棲蘭神木，見「孔子」等歷代偉人，歸程。

△四月十二、十三日，偕妻與台大登山隊再到司馬庫斯，謁見「大老爺」神木群等。

△四月二十一日，第五次44同學會（在台大鹿鳴堂），到者：我、袁國台、解定國、林鐵基、周立勇。

△六月十四日，同台大登山隊縱走卡保逐鹿山，全程二十公里，山高、險惡、瀑布，螞蝗多。

△六月二十八日，參加中國文藝協會舉行「彭邦楨詩選」新書發表會。彭老已在今年三月病逝紐約，會中碰到幾位前輩作家，鍾鼎文、司馬中原、辛鬱、文曉村等人，還有年青一輩的賴益成、羅明河等。

△七月，《孫子實戰經驗研究》出版（黎明出版公司），本書是八十五年學術研究得將作品，獲總統領獎；今年又獲選為「國軍連隊書箱用書」，陸、海、空三軍各級，一次印量七千本。

△七月二十二日到八月二日，偕妻同一群朋友遊東歐三國（匈牙利、奧地利、捷克）。

△十月十日到十三日，登南湖大山、審馬陣山、南湖北峰和東峰。

△十一月，在復興電台鍾寧小姐主持的「兩岸下午茶」節目，主講「兵法・戰爭與人生」（孫子、孫臏、孔明三家）。

△十二月一日，第六次44同學會（台大鹿鳴堂），到有：我、林鐵基、童榮南、解定國、周念台、盧志德、高立興、劉昌明。

## 民國九十三年（二〇〇四）五十三歲

△二月二十五日，第七次44同學會（台大鹿鳴堂），到有：周立勇、高立興、童榮南、鍾聖賜、林鐵基、解定國、周念台、盧志德、劉昌明和我共10人。

△春季，參加許多政治活動，號召推翻台獨不法政權，三月陳水扁自導自演「三一九槍擊作弊案」。

△三月，《大陸政策與兩岸關係》出版，黎明出版社。

△五月二十八日，大哥張冬隆發生車禍，二週後的六月四日過逝。

△五月，《五十不惑》（前傳）出版，時英出版社。

△六月，第八次44同學會（台大鹿鳴堂），到有：我、周立勇、童榮南、林鐵基、解定國、袁國台、鍾聖賜、高立興。

△八月十一到十四日，參加佛光山第十二期全國教師生命教育研習營。
△十月十九日，第九次44同學會（台大鹿鳴堂），到有：我、童榮南、周立勇、高應興、解定國、盧志德、周小強、鍾聖賜、林鐵基。
△今年在空大講「政府與企業」，並受邀參與復興電台「兩岸下午茶」節目。
△今年完成龍騰出版公司《國防通識》（高中課本）計畫案合作伙伴有李文師（政大教官退）、李景素（文化教官退）、項台民（彰化高中退）、陳國慶（台大教官）。計有高中二年四冊及教師用書四冊，共八冊課本。
△十二月，《軍事研究概論》出版（全華科技），合著者九人：洪松輝、許競任、秦昱華、陳福成、陳慶霖、廖天威、廖德智、劉鐵軍、羅慶生，都是對國防軍事素有專精研究之學者。

## 民國九十四年（二〇〇五）五十四歲

△二月十七日，第十次44同學會（台大鹿鳴堂），到有：我、陳鏡培、鍾聖賜、金克強、解定國、林鐵基、高立興、袁國台、周小強、周念台、盧志德、劉昌明，共12人。
△六月十六日，第十一次44同學會（台大鹿鳴堂），到有：我、盧志德、周立勇、解定國、陳鏡培、童榮南、金克強、鍾聖賜、劉昌明、林鐵基、袁國台。

△八月，計畫中的《中國春秋》雜誌開始邀稿，除自己稿件外，有楊小川、路復國、廖德智、王國治、一飛、方飛白、郝艷蓮等多人。

△十月，創刊號《中國春秋》雜誌發行，第四期後改《華夏春秋》，實務行政全由鄭聯臺、鄭聯貞、陳淑雲、陳金蘭負責，妹妹鳳嬌當領導，我負責邀稿，每期印一千五百本，大陸寄出五百本。

△持續在台灣大學聯合辦公室當志工。

△今年仍在龍騰出版公司主編《國防通識》；上復興電台「兩岸關係」節目。

## 民國九十五年（二〇〇六）五十五歲

△元月《中國春秋》雜誌第二期發行，作者群有周興春、廖德智、李景素、王國治、路復國、一飛、范揚松、蔣湘蘭、楊小川等。

△二月十七日，第十二次44同學會（台大鹿鳴堂），到有：劉昌明、高立興、陳鏡培、盧志德、林鐵基、金克強和我共7人。

△四月，《中國春秋》雜誌第四期發行。

△六月，第十三次44同學會（台大鹿鳴堂），到有：我、周小強、解定國、高立興、袁國台、林鐵基、劉昌明、盧志德。

△七月到九月，由時英出版社出版中國學四部曲，四本約百萬字：《中國歷代戰爭

新詮》、《中國近代黨派發展研究新詮》、《中國政治思想新詮》、《中國四大兵法家新詮》。

△七月十二到十六日，參加佛光山第十六期全國教師生命教育研習營。

△七月，原《中國春秋》改名《華夏春秋》，照常發行。

△九月，《春秋記實》現代詩集出版，時英出版社。

△十月，第五期《華夏春秋》發行。

△十月二十六日，第十四次44同學會（台大鹿鳴堂），到有：我、金克強、周立勇、解立國、林鐵基、袁國台、高立興。

△十一月，當選中華民國新詩學會第二屆理事，任期到九十九年十一月十一日。

△《華夏春秋》第六期發行後，無限期停刊。

△高中用《國防通識》（學生課本四冊、教師用書四冊）逐一完成，可惜龍騰出版公司後來的行銷欠佳。

## 民國九十六年（二〇〇七）五十六歲

△元月三十一日，第十五次44同學會（中和天香回味鍋），到有：我、解定國、盧志德、高立興、林鐵基、周小強、金克強、劉昌明。

△二月，《國家安全論壇》出版，時英出版社。

△二月一日，到國防部資電作戰指揮部演講，主題「兩岸關係與未來發展：兼論台灣最後安全戰略的探索」。

△二月，《性情世界：陳福成情詩集》出版，時英出版社。

△三月十日，在「秋水詩屋」，與涂靜怡、莫云、琹川、凪信子四位當代大詩人研究，幫我取筆名「古晟」。以後我常用這個筆名，有一本詩集就叫《古晟的誕生》。

△五月，當選中國文藝協會第三十屆理事，任期到一百年五月四日。

△五月十三日，母親節，與妻晚上聽鳳飛飛的演唱會，可惜二〇一二年初病逝，我為她寫一首詩「相約二十二世紀，鳳姐」。

△六月六日，第十六次44同學會（台大鹿鳴堂），到有：我、解定國、高立興、盧志德、周小強、金克強、林鐵基。

△六月十九日，榮獲中華民國新詩學會「詩運獎」，在文協九樓頒獎，由文壇大老鍾鼎文先生頒獎給我。

△十月，小說《迷情・奇謀・輪迴：被詛咒的島嶼》（第一集）出版，文史哲出版社。

△十月十六日，第十七次44同學會（台大鹿鳴堂），到有：我、周立勇、解定國、張安麟、林鐵基、盧志德。

△十月三十一日到十一月四日，參加由文協理事長綠蒂領軍，應北京中國文聯邀訪，

一行人有綠蒂、林靜助、廖俊穆、蘇憲法、李健儀、簡源忠、郭明福、廖繼英、許敏雄和我共10人。

△十一月七日，同范揚松、吳明興三人到慈濟醫院看老詩人文曉村先生。

△十二月中旬，大陸「中國文藝藝術聯合會」一行到文協訪問，綠蒂全程陪同，十六日由我陪同參觀故宮，按其名冊有白淑湘、李仕良等14人。

△十二月十九日，到台中拜訪詩人秦嶽，午餐時他聊到「海鷗」飛不起來了。

△十二月二十二日上午，在國父紀念館參加由星雲大師主持的皈依大典，成為大師座下臨濟宗第四十九代弟子，法名本肇。一起皈依的有吳元俊、吳信義、關麗蘇四兄姊弟，這是一個好因緣。

△十二月二十七日，《青溪論壇》成立，林靜助任理事長，我副之，雪飛任社長。

△十二月，有三本書由文史哲出版社出版：《頓悟學習》、《公主與王子的夢幻》、《春秋正義》。

## 民國九十七年（二〇〇八）五十七歲

△元月五日（星期六），第一次在醉紅小酌參加「三月詩會」，到民國一〇三年底退出。

△元月二十四到二十八日，與妻參加再興學校舉辦的海南省旅遊。

△二月十三日，到新店拜訪天帝教，做《天帝教研究》的準備。
△二月十九日，第十八次44同學會（新店富順樓），到有：我、高立興、解定國、林鐵基、盧志德、金克強、周小強。
△三月二日，參加「全國文化教育界新春聯歡會」，馬英九先生來祝賀，前台大校長孫震、陳維昭等數百人，文壇司馬中原、綠蒂、鍾鼎文均到場，盛況空前。這是大選的前奏曲。
△三月十二日，參加中國文藝協會理監事聯席會議。
△三月，《新領導與管理實務》出版，時英出版社。
△五月十三日下午二時，四川汶川大地震，電話問成都的雁翼，他說還好。
△六月十日，第十九次44同學會（在山東餃子館），到有：我、童榮南、高立興、解定國、袁國台、盧志德、金克強、張安祺。
△六月二十二日，參加青溪論壇社舉辦的「推展華人文化交流及落實做法」，我提報論文「閩台民間信仰文化所體現的中國政治思想初探」，其他重要提文報告人有林靜助、封德屏、陳信元、潘皓、台客、林芙容、王幻、周志剛、一信、徐天榮、漁夫、落蒂、雪飛、彭正雄。
△七月十八日，與林靜助等一行，到台南參加作家交流，拜訪本土詩人林宗源。

△七月二十三日到二十九日，參加佛光山短期出家。

△八月十五日到二一日，參加青溪新文藝學會理事長林靜助主辦「江西三清山龍虎山之旅」，並到九江參加文學交流會。同行者有我、林靜助、林精一、蔡雪娥、彭正雄、金筑、台客、林宗源、邱琳生，鍾順文、賴世南、羅玉葉、羅清標、吳元俊、蔡麗華、林智誠、共16人。

△十月十五日，第二十次44同學會（台大鹿鳴堂），到有：我、陳鏡培、解定國、盧志德、同小強、童榮南、袁國台、林鐵基、黃富陽。

△十一月三十日，參加「湯山聯誼會」，遇老師長陳廷寵將軍。

△今年有兩本書由文史哲出版社出版：《幻夢花開一江山》（傳統詩）、《一個軍校生的台大閒情》。

△整理這輩子所寫的作品手稿約一人高，贈台大圖書館典藏。

## 民國九十八年（二〇〇九）五十八歲

△二月十日，第二一次44同學會（台大鹿鳴堂），到有：我、袁國台、解定國、高立興、童榮南、盧志德、黃富陽。

△六月，小說《迷情・奇謀・輪迴：進出三界大滅絕》（第二集）出版，文史哲出版社。

△六月上旬，第二二次44同學會（台大鹿鳴堂），到有：我、林鐵基、童榮南、袁國台、高立興、解定國、金克強、盧志德。

△六月十七、十八日，參加台大「退聯會」阿里山兩日遊。

△十月，小說《迷情・奇謀・輪迴：我的中陰身經歷記》（第三集）出版，文史哲出版社。

△十月六日，第二三次44同學會（公館越南餐），到有：盧志德、解定國、林鐵基、金克強、周小強和我。

△十一月六到十三日八天，參加重慶西南大學主辦「第三屆華文詩學名家國際論壇」，後四天到成都（第一次回故鄉）。此行我提報一篇論文「中國新詩的精神重建」（約兩萬多字），同行者另有雪飛、林芙蓉、李再儀、台客、鍾順文、林于弘、林精一、吳元俊、林靜助。

△十一月二十八日，到國軍英雄館參加「湯山聯誼會」，老將郝伯村批判李傑失了軍人氣節。

△十二月，《赤縣行腳・神州心旅》（詩集）出版，秀威出版公司。

△今年有三本書由文史哲出版社出版：《愛倫坡恐怖推理小說》、《春秋詩選》、《神劍與屠刀》。

## 民國九十九年（二〇一〇）五十九歲

△元月二十三日，由藝文論壇社和紫丁香詩刊聯合舉辦，「陳福成小說《迷情・奇謀・輪迴》評論會」，在台北老田西餐廳舉行。提評論文有金劍、雪飛、許其正、狼跋、謝輝煌、胡其德、易水寒等七家，與會有文藝界數十人。會後好友詩人方飛白也提出一篇。

△三月一日，第二四次44同學會（台大鹿鳴堂），到有：我、周小強夫婦、解定國、袁國台、林鐵基、盧志德、曹茂林、金克強、黃富陽、童榮南共11人。

△三月三十一日，「藝文論壇」和「創世紀」詩人群聯誼，中午在國軍英雄館牡丹廳餐敘。創世紀有張默、辛牧、落蒂、丁文智、方明、管管、徐瑞、古月，八人與會；藝文論壇有林靜助、雪飛、林精一、彭正雄、鄭雅文、徐小翠和我共7人參加。

△四月二一到二二日，台大溪頭、集集兩日遊，「台大退聯會」主辦。

△六月，《八方風雨・性情世界》出版，秀威出版社。

△六月八日，第二五次44同學會（台大鹿鳴堂），到有：我、金克強、郭龍春、解定國、高立興、童榮南、袁國台、林鐵基、盧志德、周小強、曹茂林，共11人。

△八月十七到二十日，參加佛光山「全國教師佛學夏令營」，同行有吳信義師兄等

多人。

△十月五日，第二六次44同學會（今起升格在台大水源福利會館），到有：曹茂林、解定國、童榮南、林鐵基、盧志德、周小強和我共7人。

△十月二六日到十一月三日，約吳信義、吳元俊兩位師兄，到山西芮城拜訪尚未謀面的劉焦智先生，我們因看「鳳梅人」報結緣。

△十一月，《男人和女人的情話真話》（小品）出版，秀威出版社。

△今年有四本書由文史哲出版社出版：《洄游的鮭魚》、《古道・秋風・瘦筆》、《山西芮城劉焦智鳳梅人報研究》、《三月詩會研究》。

## 民國一〇〇年（二〇一一）六十歲

△元月，小說《迷情・奇謀・輪迴》合訂本出版，文史哲出版社。

△元月二日，當選中華民國新詩學會第十三屆理事、任期到一〇四年一月一日。

△元月十日，第二七次44同學會（台大水源福利會館），到有：我、黃富陽、高立興、林鐵基、周小強、解定國、童榮南、曹茂林、盧志德、郭龍春共10人。

△二月，《找尋理想國》出版，文史哲出版社。

△二月十九日，在天成飯店參加「中國全民民主統一會」會員代表大會，吳信義、吳元俊兩位師兄也到，會場由王化榛會長主持。會中遇到上官百成先生，會後我

寫一篇文章「遇見上官百成：想起上官志標和楊惠敏」，刊載《新文壇》雜誌（26期，一〇一年元月）。

△三月二二日，上午參加「台大退聯會」理監事聯席會議。

△三月二五日，晚上在台大校總區綜合體育館開「台大逸仙學會」，林奕華也來了，認識她很久了，每回碰到她都很高興。

△四月，《我所知道的孫大公》（黃埔28期）出版，文史哲出版社。

△四月，《在鳳梅人小橋上：中國山西芮城三人行》出版，文史哲出版社。

△五月五日，參加綠蒂在老爺酒店主的「中國文藝協會三十一屆理監事會」，同時當選理事，任期到一〇四年五月五日。與會者如以下這份「原始文件」：

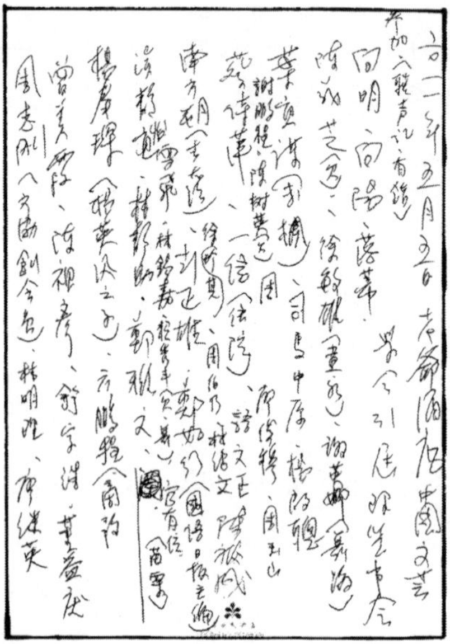
一〇一年五月五日　老爺酒店　中國文藝

△五月，《漸凍勇士陳宏傳》出版，文史哲出版社。
△六月，《大浩劫後》出版，文史哲出版社。
△六月三日，第二八次44同學會（台大水源福利會館），到有：我、郭龍春、解定國、高立興、童榮南、林鐵基、盧志德、周小強、黃富陽、曹茂林、桑鴻文共11人。
△六月十一日，到師大參加「黃錦鋐教授九秩嵩壽華誕聯誼茶會」，黃伯伯就住我家樓上，他已躺了十多年，師大仍為他祝壽，真很感人。
△七月，《台北公館地區開發史》出版，唐山出版社。
△七月七到八日，與妻參加台大退聯會的梅峰、清境兩日遊。
△七月，《第四波戰爭開山鼻視賓拉登》出版，文史哲出版社。
△八月，《台大逸仙學會》出版，文史哲出版社。
△八月十七到二十日，參加佛光山「全國教師佛學夏令營，主題「增上心」。
△九月九日到二十日，台客、吳信義夫婦、吳元俊、江奎章和我共六人，組成「山西芮城六人行」，前兩天先參訪鄭州大學。
△十月十二日，第二九次44同學會（台大水源福利會館），到有：我、黃國彥、解定國、高立興、童榮南、袁國台、林鐵基、周小強、金克強、黃富陽、郭龍春、桑鴻文、盧志德、曹茂林，共14人。
△十月十四日，邀集十位佛光人中午在台大水源會館雅聚，這十人是范鴻英、刑筱

容、陸金竹、吳元俊、吳信義、江奎章、郭雪美、陳雪霞、關麗蘇。

△十一月十日，台大社團晚會表演，在台大小巨蛋（新體育館），由我吉他彈奏，吳普炎、吳信義、吳元俊、周羅通和關麗蘇合唱三首歌，「淚的小花」、「茉莉花」、「河邊春夢」。

## 民國一〇一年（二〇一二）六十一歲

△元月四日，第三十次44同學會（台大水源福利會館），到有：我、桑鴻文、高立興、林鐵基、解定國、童榮南、袁國台、盧志德、金克強、曹茂林、郭龍春、陳方烈。

△元月十四日，大選・藍營以689萬票對綠營609萬票，贏得有些辛苦。基本上「九二共識」、「一中各表」已是台灣共識。

△《中國神譜》出版（文史哲出版社，二〇一二年元月）。

△二月，寫一張「保證書」給好朋友彭正雄先生，把我這輩子所有著作全送給他，由他以任何形式、文字，在任何地方出版發行。這是我對好朋友的回報方式。

△二月，開始規畫、整理出版《陳福成文存彙編》，預計全套八十本（總字數近千萬），由彭正雄所經營的文史哲出版社出版。

△二月十九日中午，葡萄園詩刊同仁在國軍英雄館餐聚，到會有林靜助、曾美玲、

杜紫楓、李再儀、台客、賴益成、金筑和我八人。大家商討今年七月十五日是葡萄園的五十大壽，準備好好慶祝。

△三月二十二日，倪麟生事業有成宴請同學《公館自來水博物館內》，到有：我、倪麟生、解定國、高立興、盧志德、曹茂林、郭龍春、童榮南、桑鴻文、李台新，共十人。

△《金秋六人行：鄭州山西之旅》出版（文史哲出版社，二〇一二年三月）。

△《從皈依到短期出家》（唐山出版社，二〇一二年四月）。

△《中國當代平民詩人王學忠》出版（文史哲出版社，二〇一二年四月）。

△《三月詩會二十年紀念別集》（文史哲出版社，二〇一二年六月）。

△五月十五日，第三一次44同學會（台大水源福利會館），到有：我、陳方烈、桑鴻文、解定國、高立興、童榮南、林鐵基、盧志德、周小強、金克強、曹茂林、李台新、倪麟生，共十三人。

△九月有三本書出版：《政治學方法論概說》、《西洋政治思想史概述》、《最自在的是彩霞》，文史哲出版社。

△十月二十二日，第三二次44同學會（台大水源福利會館），到有：我、解定國、高立興、童榮南、林鐵基、盧志德、李台新、桑鴻文、郭龍春、倪麟生、曹茂林、

周小強，共十二人。

△《台中開發史：兼龍井陳家移台略考》出版，文史哲出版，二〇一二年十一月。

△十二月到明年元月，大愛電視台記者紀儀羚、吳怡旻、導演王永慶和另三位攝影師，一行六人，來拍「陳福成講公館文史」專集節目，在大愛台連播兩次。

## 民國一〇二年（二〇一三）六十二歲

△元月十一日，參加「台大秘書室志工講習」，並為志工講「台大・公館文史古蹟」（上午一小時課堂講解，下午三小時現場導覽）。

△元月十五日，「台大退休人員聯誼會」理監事在校本部第二會議室開會，並選舉第九屆理事長，我意外當選理事長，二二日完成交接，任期兩年。

△元月十七日，第三三次44同學會（台大水源福利會館），到有：我、倪麟生、林鐵基、桑鴻文、解定國、高立興、盧志德、周小強、曹茂林、郭龍春、陳方烈、余嘉生、童榮南，共十三人。

△二月，《嚴謹與浪漫之間：詩俠范揚松》出版，文史哲出版社。

△三月，當選「中國全民民主統一會」執行委員，任期到一〇三年三月二十八日。（會長王化榛）。

△三月，《讀詩稗記：蟾蜍山萬盛草齋文存》出版，文史哲出版社。

△五月，《與君賞玩天地寬：陳福成作品評論和迴響》、《古晟的誕生：陳福成60詩選》、《迷航記：黃埔情暨陸官44期一些閒話》三書出版，由文史哲出版社出版發行。

△五月十三日，第三四次44同學會（台大水源福利會館），到有：我、李台新、解定國、高立興、林鐵基、童榮南、盧志德、金克強、曹茂林、虞義輝、郭龍春、桑鴻文、陳方烈、倪麟生、余嘉生、共十五人。

△七月，《孫大公的思想主張書函手稿》、《日本問題終極處理》、《一信詩學研究》三書出版，均文史哲出版社。

△七月四日，鄭雅文、林錫嘉、彭正雄、曾美霞、落蒂和我共六個作家詩人，在「豆豆龍」餐廳開第一次籌備會，計畫辦詩刊雜誌，今天粗略交換意見，決定第二次籌備會提出草案。

△八月十三到十六日，參加佛光山「教師佛學夏令營」，同行尚有吳信義、關麗蘇。

△八月三十一日，為詩人朋友導覽公館古蹟，參加者有范揚松、藍清水夫婦、陳在和、吳明興、胡其德、吳家業、許文靜、鍾春蘭、封枚齡、傅明其。

△九月七日，上午在文協舉行《一信詩學研究》新書發表會及討論，由綠蒂主持。

△九月十日，假校總區第二會議室，主持「台大退休人員聯誼會」第九屆第四次理

監事聯席會議，會中由會員組組長陳志恆演講，題目「戲緣——京劇與我」。

△九月二七日，參加「台大文康會各分會負責人座談會暨85週年校慶籌備會議」，地點在台大巨蛋，由文康會主委江簡富教授（電機系）主持，各分會負責人數十人到場。

△十月七日，第三五次44同學會（改在北京樓），到有：我、余嘉生、解定國、虞義輝、童榮南、盧志德、郭龍春、桑鴻文、李台新、陳方烈、袁國台，共十一人。

△十月十二日，在天成飯店（火車站旁），參加「中國全民民主統一會」第七屆第二次執監委聯席會。討論會務發展及明春北京參訪事宜。

△十月十九日，由台大三個社團組織（教授聯誼會會長游若篍教授、職工聯誼會秘書楊華洲、退聯會理事長我本人）聯合舉辦「未婚聯誼」，在台大巨蛋熱鬧一天，到場有第二代子女近四十人參加。

△十一月九日，重慶西南大學文學系教授向天淵博士來台交流講學，中國詩歌藝術學會理事長林靜助先生，在錦華飯店繳請「兩岸比較文學論壇」，我和向教授在兩年前有一面之緣。

△十一月十二日，假校總區第二會議室，主持「台大退聯會」第十屆第五次理監事聯席會議。陳定中將軍蒞臨演講，題目「原子彈與曼哈頓計劃的秘密」，另討論十二月三日會員大會事宜。

△十一月十三日，小路（路復國同學）來台北開會，中午我和老袁（袁國台）與他相見，老袁請吃牛肉麵，我在「新光」高層請喝咖啡賞景。

△十一月二十四日，台大退聯會、教聯會和職工會合辦「兩性聯誼」活動，第三場在文山農場，場面熱鬧。

△十一月二十八日，晚上，台大校慶文康晚會在台大巨蛋舉行，退聯會臨時組合唱團由我吉他伴奏參加，也大受歡迎。

△十二月三日上午，台大退聯會在第一會議室舉行年度大會，近兩百教職員工參加，主秘林達德教授代表校長致詞，歷屆理事長（宣家驊將軍、方祖達教授、楊建澤教授、丁一倪教授）均參加，我自今年元月擔任理事長以來，各方反應似乎還算滿意。

△十二月十日，約黃昏時，岳父潘翔臯先生逝世，高壽九十四歲，福壽雙全，除老人退化病外，無任何重症，睡眠中無痛而去，真是福報。他們兒女決定簡約辦理，十七號舉行告別式。

△十二月十八日，中午，參加在「喜萊登」由鄭雅文小姐主持成立的「華文現代詩刊」，到會有主持鄭雅文、筆者及麥穗、莫渝、林錫嘉、范揚松帶秘書曾詩文、曾美霞、龔華、劉正偉、雪飛等。

△十二月二十二日，在「儷宴會館」（林森北路），參加44期北區同學會，改選理監事及會長，虞義輝當選會長，我當選監事。

△十二月三十日，這幾年，每年年終跨年，一群詩人、作家都在范揚松的大人物公司跨年，今年也是，這次有：范揚松、胡爾泰、方飛白、許文靜、傅明琪、劉坤靈、吳家業、梁錦鵬、吳明興、陳在和及筆者。

## 民國一〇三年（二〇一四）六十三歲

△元月五日，與妻隨台大登山會走樟山寺，到樟山寺後再單獨走到杏花林，中午在「龍門客棧」午餐，慶祝結婚第34年。

△元月九日，爆發「梁又平事件」（詳見《梁又平事件後：佛法對治風暴的沈思與學習》乙書）。

△元月十一日，在天成飯店參加「中國全民民主統一會」執監委員會，由會長王化榛主持，並確定三月北京行名單。

△元月十二日，與妻隨台大登山會走劍潭山，沿途風景優美。

△元月二十四日，參加台大志工講習會，會後參觀台大植博館。

△元月、二月，有三本書由文史哲出版，《把腳印典藏在雲端》、《台北的前世今生》、《奴婢妾匪到革命家之路：謝雪紅》。

△春節，那裡也沒去，每天照常在新店溪畔散步、寫作、讀書。

△二月九日，參加「台大登山會」新春開登，目的地是新莊牡丹心環山步道」，在泰山、林口接壤的牡丹山系，全天都下著不小的雨，考驗能耐。我和信義、俊歌兩位師兄，都走完全程，各領一百元紅包。

△二月十八日，中午與食科所游若篍教授共同主持兩個會，教授聯誼會邀請台北市教育局長林奕華演講，及「千歲宴」第二次籌備會。到會另有職工會秘書華洲兄、陳梅燕等十多人。

△二月廿一、廿二日，長青四家夫妻八人（虞、張、劉、我及內人們），在張哲豪的基隆「公館」度假，並討論四月花蓮行，決議四月十四、十五、十六共三天到花蓮玩。

△三月三日，中國文藝協會以掛號專函通知，榮獲第五十五屆中國文藝獎章文學創作獎，將於五月四日參加全國文藝節大會，接受頒獎表揚。

△三月八日，晚上在三軍軍官俱樂部文華廳，參加由中國文藝協會理事長王吉隆先生所主持的理監事聯席會，有理監事周玉山、蘭觀生、曾美霞、徐菊珍等十多人參加。

△三月十日，由台大教聯會主辦，退聯會和職工會協辦，邀請台北市教育局長林奕

華演講，主題關於十二年國教問題，中午十二時到下午一點三十圓滿完成（在台大第一會議室）。

△三月十六日，三月是台大的「杜鵑花節」，每年三月的假日，我們擔任台大秘書室的志工們，都輪值校門口「坐台」（服務台），招呼人山人海的參訪來賓。今天上午九時到下午一時我值班，下班立即前往第一殯儀館「鼎峰會館」，向陳宏大哥上香致敬，並以《漸凍勇士陳宏傳：他和劉學慧的傳奇故事》一書代香花素果，獻於陳大哥靈前。此因十八號他的追思會我在台大有兩個重要會議要開，向學慧師姊說了先來拈香，我也因寫了陳宏的回憶錄，和他有心靈感應，他也給我的人生有重大啟示，故向陳宏大哥獻書，願他一路好走，在西方極樂世界修行，別再重回六道，受人間諸苦。

△三月十八日，上午主持今年第一次「台大退休人員聯誼會」理監事會，並邀請吳信義學長會後演講，到有全體理監事各組長二十多人。下午參加校長楊泮池主持的「退休人員茶會」，按往例我參與茶會並在會中報告退聯會活動，陳志恆小姐隨同我參加，在現場「招兵買馬」，成效甚佳。

△三月二十日，上午到二殯參加海軍少將馬振崑將軍公祭（現役五十七歲），我以台大退聯會理事長身份主祭，信義和俊歌兩位師兄與祭。現場有高華柱、嚴明、葉昌桐等高級將領，至少有五十顆星星以上。

下午，到翔順旅行社（松江路）參加北京行會議，下週二共二十人參加這次訪問。

△三月二十一日，中餐，在「台大巨蛋」文康交誼廳，參加由台大文康委員會主委

江簡富教授（電機系）所主持，「一〇三年文康會預算會議」，到有台大教職員各社團負責人近三十人。

△三月廿五到三十日，應中國全民民主統一會會長王化棒先生及信義、俊歌兩位師兄之邀請，以特約記者的身份參加全統會北京、天津參訪團，全團二十人。我們拜會天津、北京的中國和平統一促進會、黃埔軍校同學會等。（詳見我所著《中國全民民主統一會北京天津行：兼略論全統會的過去現在和未來發展》，文史哲出版）

△四月十四、十五、十六，近半年來我積極推動的「長青家族花蓮行」，終於成真，內心感到安慰極了。回想五年多來，長青家族的聚會竟如同打烊，太氣人了。這件事能促成，比我在花蓮擁有一甲地更值得。這心聲在三天旅遊中我沒說出來，今只在此說給大家聽，義輝、阿妙、阿張、金燕、劉建、Linda 和我妻，「以心傳心」傳給你們聽！

△五月二日，由中國文藝協會主辦，行政院文建會贊助指導，第五十五屆文藝獎章得獎人，今天在部份平面媒體公告，下列是聯合報資料。後天就是「五四文藝節」，將在三軍軍官俱樂部盛大慶祝並頒獎。據聞，副總統吳敦義將親自主持。

聯合報 103.5.2.

〈聯副文訊〉二則

**中國文藝獎章名單揭曉**

由中國文藝協會主辦的中國文藝獎章，本年度榮譽文藝獎章得主為：廖玉蕙（文學類）、崔小萍（影視類）、陳陽春（美術類）、張炳煌（書法類）。

第五十五屆文藝獎章獲獎人為：王盛弘（散文）、鯨向海（新詩）、田運良（詩歌評論）、梁欣榮（文學翻譯）、陳福成（專欄）、洪能仕（書法）、吳德和（雕塑）、張璐瑜（水彩）、劉家正（美術工藝）、林再生（攝影）、戴心怡（國劇表演）、李菓峻（客家戲表演）、梁月嬰（戲曲推廣）、孫麗桃（民俗曲藝）、魏大為（音樂工作）、孫翠玲（舞蹈教學）、曾美霞、鄭雅文、鄔迅（文藝工作獎）楊寶華（文創及文化交流）、劉詠平（海外文藝工作獎）。　（丹墀）

△五月四日，下午到晚上，參加全國文藝節及文藝獎章頒獎典禮，直到晚上的文藝晚會都在三軍軍官俱樂部。往年都是總統馬英九主持，今年他可能因母喪，改由副總統吳敦義主持。

△五月初的某晚，關雲的女兒打電話給我，媽媽走了！我很震驚，她是中國文藝協會會員、三月詩會詩友，六十五歲突然生病很快走了！怎不叫人感慨！

△五月二十日，籌備半年多的「台大退聯會千歲宴」，終於快到了，今天是退聯會上班日，大家做最後準備。中午到食科所午餐，三個分會（退聯會、教聯會、職工會），再開宴前會，確認全部參加名單和過程。

△五月廿二日，上午九點到下午兩點，千歲宴正式成功辦完，校長楊泮池教授也親臨致詞，和大家看表演、合照。今天到有八十歲以上長者近四十人，宣家驊將軍、方祖達教授等都到了。

△六月二日，今天端午節，中午在中華路典漾餐廳，由全統會會員（會長王化榛、秘書長吳信義、會員吳元俊，我等十多人），宴請天津來訪朋友，有些我們三月去天津已見過，他們到有：王平、劉正風、李偉宏、蔣金龍、錢鋼、商駿、吳曉琴、李衛新、賈群、陳朋，共十人。

△到六月止，近十個月來，完成出版的書有：《把腳印典藏在雲端：三月詩會詩人手稿詩》、《台北公館台大地區考古・導覽》、《我的革命檔案》、《中國全民民主統一會北京行》、《六十後詩雜記現代詩集》、《胡爾泰現代詩研究》、《從魯迅文學醫人魂救國魂說起》；另外，《臺大退聯會會務通訊》也正式出版，第

一版先給理監事會看，年底會員大會再印贈會員。

△六月十一日，《臺大會訊》報導「千歲宴」盛況如下：

《臺大校訊》·二〇一四年六月十一日·第四版·

## 退休人員 職工及教師聯誼分會舉辦千歲宴活動

為關懷退休人員較年長者平常較少於校園活動，文康會退休人員、職工及教師三個聯誼分會5月24日假綜合體育館文康室舉辦80歲以上「千歲宴」活動。出席名單包括：教務處課務組主任郭輔義先生、軍訓室總教官宣家驊、軍訓室教官鍾鼎文、軍訓室教官鄭義峰、總務處保管組股長林 參、總務處蕭添壽先生、總務處翁仙啓先生、圖書館組員柯環月女士、圖書館閱覽組股長王鴻龍、文學院人類系組員周崇德、理學院動物系教授李學勇、法學院王忠先生、法學院工王本源先生、醫學院組員洪林寶祝、醫學院組員連興潮、工學院電機系教授楊維禎、農學院生工系教授徐玉標、農學院園藝系教授方祖達、農學院技正路統信、農學院園藝系教授康有德、附設醫院護士曾廖日妹、農業陳列館主任劉天賜、圖書館組員紀張素瑩、附設醫院組員宋麗音、理學院海洋所技正鄭展堂、理學院化學系技士林添丁、附設醫院組員葉秀琴、附設醫院技佐王瓊瑛、附設醫院技士劉人宏、農學院農化系教授楊建澤、農學院農經系教授許文富、園藝系教授洪 立、農學院森林系教授汪 淮、軍訓室教官茹道泰、電機系技正郡依俤。

△六月十三日，上午率活動組長關麗蘇、會員組長陳志恆、文康組長許秀錦，拜會位於新店的天帝教總會，他們有劉曉蘋、李雪允、郝寶驥、陳啟豐、陳己人等多位接待我們。議決九月十七日，台大退聯會組團（40人）參訪天帝教的天極行宮（在台中清水）。會後，中午在總會吃齋飯。

△六月十七日，主持台大退聯會理監事會，我主要報告《會務通訊》出版事宜，經

費籌劃等。

△六到七月，我的《華夏春秋》雜誌打烊後，曾有大陸朋友要在大陸復刊，江蘇的高保國搞一期又打烊了。最近遼寧的金土先生復刊成功，希望他能長長久久辦下去。以下是創刊號的封面和內首頁。

葫蘆島市環保局局長、本刊顧問羅建彪題。

本刊社長陳福成2009年於西南大學留影。

△到八月止：在文史哲出版社完成出版的著作，七、八月有：《留住末代書寫的身影》、《我這輩子幹了什麼好事》、《「外公」和「外婆」的詩》、《中國全民民主統一會北京天津行》。

△八月一到五日，參加「二〇一四佛光山佛學夏令營」，今年主題是「戒定慧」。同行的好友尚有：吳信義、吳元俊、關麗蘇、彭正雄。

△八月二十六日，主持「台大退休人員回娘家」聯歡餐會，在「台大巨蛋」文康室熱鬧一天，近百會員參加。

△九月二日，主持「台大退聯會」第九屆第七次理監事會，我在會中發表〈不連任、不提名聲明書〉，但全體理監事堅持要我接受提名連任，只好從善如流，接受承擔。

△九月十六日，下午參加由校長楊泮池教授主持的「退休人員茶會」，我的任務是報告「台大退聯會」概況並積極「招兵買馬」。

△九月十七日，率台大退休人員一行40人，到台中清水參訪「天帝教天極行宮」。

△九月到十月間，退聯會、聯合服務中心，工作和值班都照常，多的時間寫作、運動，日子好過，天下已不可為，就別想太多了。

△十一月四日，主持「台大退聯會」第九屆第八次理監事會，也是為下月二日年度

會員大會的籌備會，圓滿完成。

十二月二日，主持「台灣大學退休人員聯誼會」第九屆2014會員大會，所提名十五位理事、五位監事全數投票通過，成為下屆理監事。

△十二月十三日，下午參加《陸官44期同學理監事會》，會後趕回台大參加社團幹部座談、餐會。

△十二月十四日，三軍軍官俱樂部參加「中華民國新詩學會」理監事會。

△台大秘書室志工午餐（在鹿鳴堂），到有：叢曼如、孫茂鈴、郭麗英、朱堂生、吳元俊、吳信義、孫洪法、鄭美娟、簡碧惠、王淑孟、楊長基、宋德才、陳蓓蒂、許詠婕、郭正鴻、陳美玉、王來伴、蘇克特、許文俊、林玟妤來賓和筆者共21人。

△關於民一〇二、一〇三年重要工作行誼記錄，另詳見《台灣大學退休人員聯誼會第九任理事長記實》一書，文史哲出版。

## 民國一〇四年（二〇一五）六十四歲

△元月六日，主持「台大退休人員聯誼會」第十屆理監事，在校本部第二會議室開會投票，我連任第十屆理事長。

△關於民一〇四、一〇五年重要工作行誼記錄，詳見《台灣大學退休人員聯誼會第十任理事長記實暨2015 2016事件簿》（計畫出版）為準。